大展好書 好書大展

大展好書 好書大展

道學文化9

朱發耕、袁麗娟／選注

沈（ㄔㄣˊ）博（ㄅㄛˊ）絕麗

——道家格言精粹

大展出版社有限公司

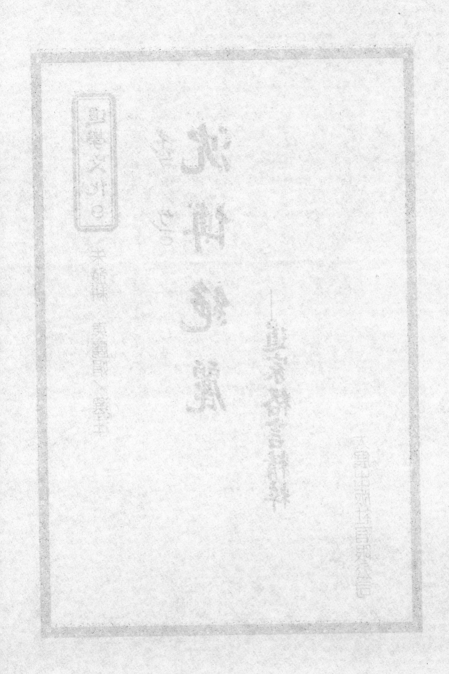

發點說明

一、道學淵源流長，道籍紛紜繁複，蔚為壯觀。為使一般讀者能對道家面貌有所認識，故選注了這本《道家格言精粹》，以期有窺斑見豹之作用。道家學說的主要組成部分氣功、煉丹術，由於內容較為專門、複雜，一般讀者難以理解、接受，故未曾收錄。本書所收格言，均從《道藏》、《道藏輯要》、《諸子集成》等近一百部（篇）書中精選。

二、由於道言空靈虛幻，言簡意賅，道意洪洪蒙蒙，深邃難測，極易產生多種歧義，見仁見智在所難免，故本書所分類別宜粗不宜細。即使如此，有些格言，仍不能貼切如題。

三、對一般格言，只作難字、難詞的注釋（解釋），涉及道之精要，又語詞精采者，則作白話譯文，目的只是一個：使讀者讀通、明了。

注釋文字，按被釋詞語前後出現順序排列，不①②③標明。凡注釋過的詞語，重複出現，一般不再注釋，如語音、語義有變，或對理解整段話至關重要，則另當別論。

四、《周易》是一部充滿神秘色彩的哲學著作，雖被儒家推為群經之首，卻更多地體現了道家思想，曾與《莊》、《老》並稱三玄。所以，《周易》中的某些格言亦一並收入。

五、本書在注釋過程中，曾參考了大量先人、前輩的著作，既裨使我們順利地進行了這項工作，又使我們學到了很多知識，獲益匪淺。囿於才學，本書錯漏不當之處，定當不少，有使方家見笑處，尚祈不吝賜正。

朱發耕　袁麗娟

于　杭州

目錄

第一章

道旨篇

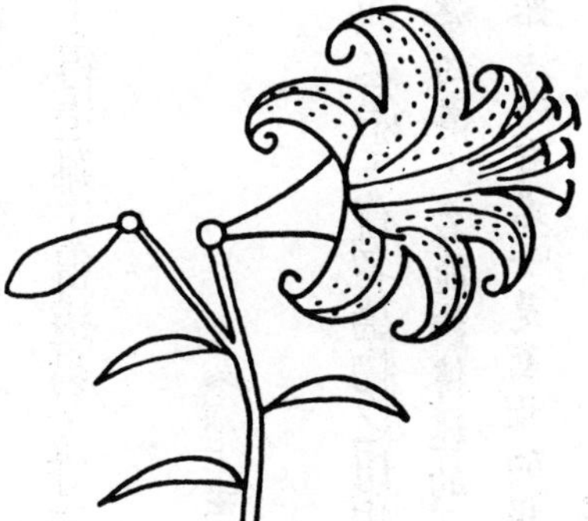

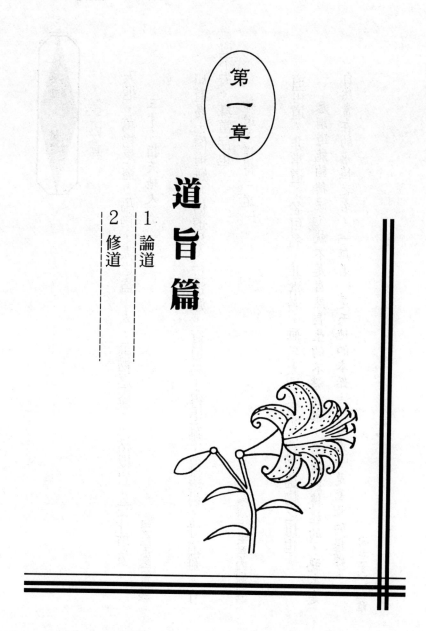

論道

天地，萬物之盜，萬物，人之盜，人，萬物之盜。三盜既宜，三才既安。

三才：指天地人。

《黃帝陰符經》

知道易，信道難，信道易，行道難，行道易，得道難，得道易，守道難。守道不失，身常存也。

知道：懂得「道」。

《太上老君內觀經》

道可道，非常道；名可名，非常名，無名天地之始，有名萬物之母也。

意謂道能夠稱說，就不是自然長生的不變之道，名能夠傳述的，就不是自然常在的永恆之名，「無名」是天地的本始，「有名」是萬物的根源。

《老子》一章

立天之道，曰陰與陽，立地之道，曰柔與剛；立人之道，曰仁與義，兼三才而兩之。

《周易．說卦》

曰：是。兼：同時具備。兩：指顧及對立的兩面。

道常無名。樸雖小，天下不敢臣也。

《老子》三十二章

意謂道沒有固定的名字，可名之為「樸」，樸雖小，天下誰也不能支配它。

道之出口，淡乎其無味，視之不足見，聽之不足聞，用之不可既。

《老子》三十五章

出口：出入於口。既：窮盡。

大方無隅，大器晚成，大音希聲，大家無形，道隱無名。

《老子》四十一章

大方：最方正。隅：棱角。大器：最貴重的寶器。晚成：最後製成。希：少。象：形象。道隱無名：道隱藏而無名。

道生之，德畜之，物形之，勢成之，是以萬物莫不尊道而貴德。

意謂道使萬物產生，德畜養萬物，萬物得氣而有形體，氣候水土使萬物得以生長，因此萬物沒有不尊重道而珍貴德的。

《老子》五十一章

道無生死，而形有生死，所以言生死者，屬形不屬道也。形所以生者，由得其道也，形所以死者，由失其道也。人能存生守道，則長存不亡也。

《太上老君內觀經》

由：原因。

人能恩道，道亦恩人，道不負人，人負於道。

唐・吳筠《神仙可學論》

有以無爲用，無以有爲質。

唐・吳筠《神仙可學論》

用：作用，本體的外在表現。質：本體。

夫人之所貴者生也，生之所貴者道也。人之有道，如魚之有水。

唐・司馬承禎《坐忘論》

萬險之途，因路而達；珠羅之服，因針而成。故學道君子，非路而同趣，異居而同心。是以道不同，不相爲謀。

珠羅：綴滿珠子的絲網。非路而同趣：猶言路不同而志趣同。

《七部語要》

上聖法天，其次尚賢，其下任臣，任臣者，危亡之道也；尚賢者，疑惑之源也，法天者，治天地之道。虛靜爲主，虛無不受，靜無不待。知虛靜之道，乃能終始。故聖人以靜爲治，以動爲亂。故曰勿惑勿攖，萬物將自清；勿驚勿駭，萬物將自理，謂之天道。

上聖法天：最高的聖人效法天。尚賢：崇尚聖賢。任臣：任用群臣。虛無不受，靜無不待：猶言虛靜無為，不接受什麼不期待什麼。攖（一ㄥ）：擾亂。

《七部名數要記・守清第七》

儒則博而寡要，道則簡而易行，但清淨無爲，最上乘法也。

博而寡要：廣博但不夠精要。

王頤中《丹陽真人語錄》

大道人情遠，無爲妙本基；

世間無愛物，煩惱不相隨。

王頤中《丹陽真人語錄》

形而上者謂之道，形而下者謂之器。

形而上：指無形的或未成形質的東西。形而下：指已成形質的東西。

《周易．繫辭上》

道隱於小成，言隱於榮華。

隱於：被……所隱蔽。小成：初步的成就。榮華：指浮華的辭藻。

《莊子．齊物論》

名者，實之賓也。

賓：從屬派生的東西。

《莊子．逍遙遊》

仁者見之謂之仁，知者見之謂之知，百姓日用而不知，故君子之道鮮矣。

意謂仁者看到天道說是仁，智者看到天道說是智，而一般人在日常生活中經常應用天道，卻毫無所知。因此，君子所走的道路，知道的人就太少了。

《周易．繫辭上》

一陰一陽之謂道，繼之者善也，成之者性也。

繼之：繼承天的法則。成：具備。

《周易．繫辭上》

人法地，地法天，天法道，道法自然。

法：取法、效仿。

《老子》二十五章

上士聞道，勤而行之；中士聞道，若存若亡；下士聞道，大笑之，不笑不足以爲道。

若存若亡：猶言將信將疑。笑：嘲笑。

《老子》四十一章

道自虛無生一氣，便從一氣產陰陽。
陰陽再合成三體，三體重生萬物昌。

宋．張伯端《悟真篇》

陰符寶字逾三百，道德靈文止五千。
今古上仙無限數，盡從此處達真詮。

陰符：指《陰符經》，舊題黃帝撰，全文三八四字。道德：指《道德經

》，傳老子所撰，故又稱《老子》，全文五千字許。真詮：猶言真理。

宋．張伯端《悟真篇》

道惡乎隱而有真僞？言惡乎隱而有是非？道惡乎往而不存？言惡乎存而不可？道隱於小成，言隱於榮華，故有儒墨之是非，以是其所非而非其所是，欲是其所非而非其所是，則是莫若以明。

《莊子．齊物論》

意謂「道」是怎樣被隱蔽而有真偽的分別？言論是怎樣被隱蔽而有是非的爭辯？道在哪裡不存在呢？言論怎麼會有不可的呢？道是被小的成就隱蔽了，言論是被浮華之辭遮蓋了，所以才有儒家墨家的是非爭辯，他們各自肯定對方所非的而非議對方所肯定的，如要「這樣」，還不如以空明的心境去觀照事物本然的情形。

大道不移，大辯不言，大仁不仁，大廉不嗛，大勇不忮。道昭而不道，言辯而不及，仁常而不周，廉清而不信，勇忮而不成。五者無棄而幾向方矣。

大仁不仁：大仁是沒有偏愛的。大廉不嗛（ㄑㄢˋ）：大廉是不遜讓的。大勇不忮（ㄓˋ）：大勇是不傷害的。仁常而不周：常，是指固定在一方，猶

言「仁」守滯一處便不能周遍。廉清而不信：廉若要露形跡就不真實了。幾向方：幾乎近於道了。　　《莊子．齊物論》

夫道，有情有信，無爲無形，可傳而不可愛，可得而不可見。自本自根，未有天地，自古以固存；神鬼神常，生天生地；在太極之上而不爲高，在六極之下而不爲深，先天地生而不爲久，長於上古而不爲老。

受：通「授」。自本自根：自為本自為根。神：猶言生。太極：指天地未形成前的那股元氣，這裡指天。六極：即「六合」。　　《莊子．大宗師》

通於天者，道也；順於地者，德也；行於萬物者，義也。　　《莊子．天地》

使道而可獲，則人莫獻之於其君；使道而可進，則人莫不進之於其親；使道而可以告人，則人莫不告其兄弟；使道而可以與人，則人莫不與其子孫。然而不可者，無它也，中無主而不止，外無正而不行。

使：假使。進：進貢。與：給予。主：猶言自悟、心悟。止：停留。正：證，印證。行：通行。　　《莊．天運》

以道觀之，物無貴賤。

《莊子．秋水》

天無爲以之淸，地無爲以之寧，故兩無爲相合，萬物皆化生。

《莊子．至樂》

道不可聞，聞而非也；道不可見，見而非也；道不可言，言而非也。

《莊子．知北遊》

兩人射，相遇則工拙見；兩人弈，相遇則勝負見；兩人道，相遇則無可示。無可示者，無工無拙，無勝無負。

工拙：巧妙笨拙。見：同「現」。弈（ㄧˋ）：下棋。

《關尹子》

吾道如處暗，夫處明者不見暗中一物，而處暗者能見明中區事。

區事：細小的東西。

《關尹子》

小人之權歸於惡，君子之權歸於善，聖人之權歸於無所得。唯無所得，所以爲道。

《關尹子》

吾道如劍，以刃割物即利，以手握刃即傷。

《關尹子》

（玄妙）其高則冠蓋乎九霄，其曠則籠罩乎八隅；光乎日月，迅乎電馳。或倏爍而景逝，或飄滭而星流，或滉漾而淵澄，或雰霏而雲浮。因兆類而爲有，訰潛寂而爲有。淪大幽而下沈，凌辰極而上游。金石不能比其剛，湛露不能等其柔。方而不矩，圓而不規，來焉莫見，往焉莫追。

八隅：八方。倏爍：光閃動貌。飄滭（ㄅㄧˋ）：疾風湧泉。兆類：猶言芸芸眾生，億萬事物。訰（ㄓㄨㄣ）：心亂的樣子。大幽：猶大冥，北方極陰之地。辰極：北斗星。湛露：清澈的露水。

晉・葛洪《抱朴子・暢玄》

增之不溢，挹之不匱，與之不榮，奪之不瘁，故玄之所在，其樂不窮，玄之所去，器弊神逝。

挹（ㄧˋ）：汲取。匱（ㄎㄨㄟˋ）：匱乏。瘁：枯瘁。弊：壞。

晉・葛洪《抱朴子・暢玄》

夫玄道者，得之者內，失之者外，用之者神，忘之者器。

夫得道者，上能竦身於雲霄，下能潛泳於川海。

晉·葛洪《抱朴子·暢玄》

竦（ㄙㄨㄥˇ）身：猶聳身。

有因無而生焉，形須神而立焉；有者，無之宮也，形者，神之宅也。

晉·葛洪《抱朴子·至理》

意謂「有」是依無而生，「形」靠神而立；有是無的「房屋」，形是神的「住所」。

聖人之言，信而有徵；道家所說，誕而難用。

晉·葛洪《抱朴子·塞難》

聖人：這裡指儒家。信而有徵：確實而有證明。

儒教近而易見，故宗之者眾焉，道意遠而難識，故達之者寡焉。道者萬殊之源也，儒者大淳之流也。

晉·葛洪《抱朴子·塞難》

萬殊：猶言萬物。大淳：最為淳樸。

所以貴儒者以其移風而易俗，不唯揖讓與盤旋也；所以遵道者以其不言而化行，匪獨養生之一事也。

晉．葛洪《抱朴子．塞難》

揖讓與盤旋：揖讓，賓主相見的禮節，猶言禮儀；盤旋：周旋進退。不言而化行：不言語而化作行動。匪：非。

儒業多難，道家約易。

晉．葛洪《抱朴子．塞難》

多難：繁多複雜。約易：簡單易行。

道者函乾括坤，其本無名，論其無，則影響猶為有焉，論其有，則萬物猶為無焉。

晉．葛洪《抱朴子．道意》

函乾括坤：猶言函蓋天地。

道者儒之本也，儒者道之末也。

晉．葛洪《抱朴子．明本》

陰陽之術，眾於忌諱，使人拘畏；而儒者博而寡要，勞而少功；墨者儉而難遵，不可偏修；法者嚴而少思，傷破仁義。唯道家之教，使人精神專一，動合無爲，包儒墨之善，總名法之要，與時遷移，應物變化，指約而易明，事少而功多，務在全不宗之樸，守真正之源者也。

晉・葛洪《抱朴子・明本》

寡要：缺少精要。儉而難遵：儉樸而難以遵從。動合：猶動靜。

一能成陰生陽，推步寒暑，春得一以發，夏得一以長，秋得一以收，冬得一以藏。其大不可以六合階，其小不可以毫芒比也。

晉・葛洪《抱朴子・地真》

推步：古稱推算歷法為「推步」，意謂日月運轉於天，猶如人的行步，可以推算而知。六合階：天地四方能比。毫芒：猶毫末，謂極細微。

人能守一，一亦守人。所以白刃無所措其銳，百害無所容其凶，居敗能成，在危獨安也。

晉・葛洪《抱朴子・地真》

天不可信，地不可信，人不可信，心不可信，惟道可信。

《亢倉子・用道》

惟道可信，天地非道，不能悠久；蒼生非聖，不能靖順；庶政非才，不能和理。夫用道之人，不露其用，福滋萬物，功歸無有。

《亢倉子・用道》

靖順：安定順從。滋：滋養。

知而辨之謂之識，知而不辨謂之道，識以理人，道以安人。

《亢倉子・用道》

天得一以清，地得一以寧，穀得一以盈，人得一以長生。

《唱道真言》

修真之士，抱道而處，神遊於太虛。太虛無所謂道，因人而名之，人亦無所謂道，道而不道，乃有所謂道也者，而實無所有焉。嗟乎，道之名何自來哉？天地內外皆太虛也。有天地而道之流行於太虛者，因天地而壅塞，是故天地毀而道全矣。

《唱道真言》

真中涉僞真亦不真。

《唱道真言》

道生天生地，生人生物，而人爲最靈；成仙入聖，惟人是賴，參天贊地，唯人是爲。

參天贊地：猶言輔助效法天地。

《唱道真言》

大道之要，盡於一虛，虛之一字，萬法該焉，從虛而有，斯爲真有，從虛而實，斯爲真實。

盡：全，都。該：盡備。

《唱道真言》

無心則與道合，有心則與道違。

《唱道真言》

虛無生自然，自然生大道，大道生一氣，一氣爲陰陽，陰陽爲天地，天地生萬物，則是造化之根也。此乃真一之氣，萬象之先。太虛太無，太空太玄，杳杳冥冥，非尺寸之可量，浩浩蕩蕩，非涯岸之可測。其大無外，其小無內，大包天地，小入毫芒，上無複色，下無複淵，一物圓成，千古顯露。

《紫清指玄集》

天地雖大，能役有形，不能役無形；陰陽雖妙，能役有氣，不能役無氣；五行至精，能役有數，不能役無數；百念紛起，能役有識，不能役無識。

役：役使。意謂道要提倡虛無，只有虛無，才能跳出一切，獲得真正的自由。

《紫清指玄集》

道視之寂寥而無所睹，聽之者杳冥而無所用，惟以心視之則有象，以心聽之則有聲。

《紫清指玄集》

人能虛心，道自歸之。道本無名，近不可取，遠不可捨；非方非圓，非內非外，惟聖人知之。

《紫清指玄集》

（道）在天則日月星辰，在地則爲禽獸草木，在人則爲夫婦男女。以易道言之，則乾坤坎離也，以五運言之，則金木水火也，以藥物言之，則鉛銀沙汞也，以丹道言之，則龍虎鳥兔也。用之則有壇爐鼎灶之名，行之則有升降交合之象，體之則有浮沈清濁之變，則之則有陰陽寒暑之候。

《紫清玄亦集》

易道：《易經》之道。五運：指五行氣化流轉。則：效法。

一氣動蕩，虛無開闔，雌雄感召，黑白交凝，有無相射，混混沌沌，沖虛至聖，包元含靈，神明變化，恍惚立極，是爲太易，是爲有始之始也。

沖虛：淡泊虛靜。太易：天地形成之前的混沌狀態。有始之始：指道的本源。

《性命圭旨》

天地間至尊者道，至貴者德，至難得者人。

《性命圭旨》

大道根莖識者稀，常人日用孰能知，爲君指出神仙窟，一竅彎彎似月眉。

根莖：喻指脈絡、規律。

《性命圭旨》

道本虛無生太極，太極變而先有一，一分爲二二生三，四象五行從此生。

《性命圭旨》

要知大道希夷理，太陽移在月明中。

希夷：空虛寂靜，不可感知。

《性命圭旨》

大道乃虛空之父母，虛空乃天地之父母，天地乃人物之父母。天地廣大，故能生萬物，虛空無際，故能生天地，空中不空，故能生虛空。

《性命圭旨》

道本無言，因言而顯其道；法本無象，因象而得其理。

《悟玄篇》

夫所謂道者，是人所以得生之理，而所以養生致死之由。

明・伍守陽《天仙正理直論》

意謂道是人、人之生死的根本。

有形者不能無名，有名者難逃於數，大則天地陰陽，升降不失其宜，明則日月魂魄，往來自有其度，差之毫末，失之顛倒。陰陽有愆伏，則四序亂而不能生成萬物，寒暑無代謝，則八候差而不能運轉一氣。人為萬物之貴，一氣之靈，大則取象乎天地，無乖升降之宜，明則取法乎日月，不亂經營之度。定之以時，應之以數，於道也，夫何遠哉？

唐・施肩吾《西山群仙會真記》

有形：指天地，道家認為道無形，不可名，天地有形，故有名。數：劫數。愆（ㄑㄢ）伏：指天氣寒暖失調。四序：即四季。八候：即八節，八個節氣。定：安定。應：順應。

修道

夫道得三乃成，故言三合成德。自不滿三，諸事不成。夫三者，謂道、德、人也。人爲一，當行功德，功德爲二，功德行乃爲道，道爲三。如此人入道德，三事合，乃可得。若有人但作功德，不曉道，而無功德，亦不得道也。若但有道德而無人入，亦不得道也。譬如種穀，投種土中，不得水潤，何能生乎？譬如釀酒，有麥有米而無水，何由成酒乎？譬如有君臣而無民，當何宰牧乎？譬如有火有水而無穀食，人當何以自活乎？譬如有車有馬而無人御之，何能自隨行乎？如此譬喻，皆得三乃能成道。

宰牧：管理統治。御：駕馭。

《太上虛無自然本起經》

有動之動，出於不動；
有爲之爲，出於無爲，
無爲則神歸。

《太上赤文洞古經》

默而悟之，我自識之。

《太上赤文洞古經》

默：靜默。

忘於目則光溢無極，泯於耳則心識常淵，兩機俱忘，眾妙之門。

忘於目：忘掉眼能看見的東西。泯於耳：泯滅耳能聽見的聲音。常淵：猶言心源。兩機：指耳目所觸之聲色。眾妙：各種奧妙。

《太上赤文洞古經》

永保無爲，其身則昌。

《太上老君內觀經》

有妄心，即驚其神，既驚其神，即著萬物，既著萬物，即生貪求，既生貪求，即是煩惱。煩惱妄想，憂若身心，便遭濁辱，流浪生死，常沈苦海，永失其道。

妄心：虛妄之心。著：着，觸及。濁辱：濁流的辱沒。

《太上老君常清靜經》

心若清靜，則萬禍不生。流浪生死，沈淪惡道，皆由心也。妄想憎愛，取捨去來，染著聚結，漸自纏繞，轉轉繫縛，不能解脫，便至滅亡。猶如牛馬引重趨泥，轉增陷沒，不能自出，遂至於死。

《太上老君內觀經》

人能常清靜其心，則道自來居，道自來居，則神明存身，神明存身，則生不亡也。人常欲生而不能虛心，人常惡死而不能保神，亦猶欲貴而不肯用道，欲富而不肯求寶，欲疾而足不行，欲肥而食不飽也。

虛心：虛其心。惡（ㄨˋ）死：害怕死。疾：快速。

《太上老君內觀經》

生者死之根，死者生之根；恩生於害，害生於恩。

《黃帝陰符經》

道也者，不可以言傳口受而得之，當虛心靜神，道自來也。愚者不知，乃勞其形，苦其心，役其志，躁其神，而道愈遠而神愈悲。背道求道，怨道不慈。

不可以：不可用。受：同「授」。形：身體。

《太上老君內觀經》

夫欲修道，先能捨事；外事都絕，無與忤心。

捨事：捨去身外之事。忤：逆，違背。

《洞玄靈寶定觀經》

全其形生者，在乎少思寡欲。

《老子說五廚經》

知榮華爲浮寄，忽之而不顧，知聲色能伐性，捐之而不取。

浮寄：飄浮寄生，意謂持續不久。忽：忽略。伐性：有害於性。

唐．吳筠《神仙可學論》

虛凝淡泊怡其性，吐故納新和其神。

怡（一ˊ）：愉悅。吐故納新：吐，呼出，納，吸進，為道家重要的養生方法。和：調和。

唐．吳筠《神仙可學論》

夫心者，一身之主，百神之師，靜則生慧，動見成昏。

慧：聰慧。

唐．司馬承禎《坐忘論》

心不受外，名曰虛心，心不逐外，名曰安心，心安而虛，則道自來。

受外：接觸外物。逐外：追逐外物，即追逐名利。

唐．司馬承禎《坐忘論》

纖毫入眼，眼則不安，小事關心，心必動亂。

纖毫：極細微。

唐・司馬承禎《坐忘論》

修身求道，具有二患，一者由有惡患，二者見有身故。如是二患，道之大病。是故眾生若欲求道，當以大乘無上慧心觀我身相。

大乘：佛教派別，強調利他，普渡一切眾生。

《真仙要語》

神靜而心和，心和而形全。神躁則心蕩，心蕩則形傷。全其形，先在理神。故恬和養神，則自安於內，淸虛栖心，則不誘於外也。

不誘於外：不被外物所引誘。

《七部語要》

海蚌未剖，則明珠不顯；崑竹未斷，則鳳音不彰；情性未煉，則神明不發。譬諸金木，金性包水，木性藏火，故煉金則水出，鑽木而火生。人能務學，鑽煉其性，則才慧發矣。

崑竹：崑崙山上的竹，崑崙為仙人所居處。鳳音：比喻美妙的音樂。

《七部語要》

去不修之道，故能長生，絕自聖之力，故能無極；祛外來之知，故能發大慧之慧。任自然之德，故能合大德之德。是以進可進之進，去可發之發，以斯之業，故能果耳。

無極：無窮。祛：卻。大慧：極為聰慧。任：依順。大德：盛大的功德。果：效果。

《七部語要》

水之無味，萬用崇之；土之無氣，廣載生物。故無味爲味，無氣爲氣，故成氣味。處下居德，能爲不失。

無味為味：把無味當作有味。

《七部語要》

天子公侯以天下一國爲家，以萬物爲畜。懷天下之有，萬物之多，即氣實而志驕。大者用兵侵伐，小者居傲凌下。用心奢廣，譬猶飄風暴雨，不可長久。是以聖人以道損之，以損沖氣，見小守柔，退而無爲，法於江海。江海弗爲，百川自歸，故能成其大。

畜：畜養。氣實：與「氣虛」相對。損：減少。沖氣：沖和之氣。見小守柔：顯得小守以柔。法於江海：效法於江海。

《七部名數要記．守盈第八》

生從十三：虛、無、淸、淨、微、寡、柔、弱、卑、損、時、和、嗇。

一曰遺形忘體，恬然若天，謂之虛。

二曰損心棄意，廢僞去欲，謂之無。

三曰專精積神，不與物雜，謂之淸。

四曰反神服氣，安而不動，謂之靜。

五曰深居閒處，功名不顯，謂之微。

六曰去妻離子，獨與道遊，謂之寡。

七曰呼吸中和，滑澤細微，謂之柔。

八曰緩形從體，以奉萬事，謂之弱。

九曰憎惡尊榮，安貧樂辱，謂之卑。

十曰遁盈逃滿，衣食粗疏，謂之損。

十一曰靜作隨陽，應變卻邪，謂之時。

十二曰不饑不渴，不寒不暑，不言不怒，不哀不樂，不疾不遲，謂之和。

十三曰愛視愛聽，愛言愛慮，堅固不費，精神內守，謂之嗇。

損心：減少心念。不與物雜：不和外物雜糅。服氣：亦稱「食氣」，道教修仙之術，認為通過呼吸可以服食「日精月華」。愛視愛聽：愛惜視聽，

即不要妄視妄聽。　《七部名數要記・虛無第十二》

薄滋味，所以養氣；去嗔怒，所以養性；處污辱低下，所以養德；守一清淨恬澹，所以養道。名不著於簿籍，心不繫於勢利，此所以脫人之殼，與天為徒也。　王頤中《丹陽真人語錄》

簿籍：書冊，猶言史冊。為徒：為伍。

凡初學道，截自今日已往俗事，不得掛心，若有纖毫未除，則道不固，既往事不思，未來事不念，且據目前為見在，便是無事人。　王頤中《丹陽真人語錄》

截：止。

道人不厭貧，貧乃養生之本。飢則餐一鉢粥，睡來鋪一束草。襤襤褸褸，以度朝夕，正是道人活計。故知清淨一事，豪貴人不能得。　王頤中《丹陽真人語錄》

活計：生計。

凡作道人，須是剛腸男子，切莫狐疑不決。但念性命事大，力行不退，期於必成。若兒女情多，煙霞志少，非所謂學道者也。

王頤中《丹陽真人語錄》

常無欲以觀其妙，常有欲以觀其徼。

妙：要，道之要。徼（ㄐㄠˋ）：歸趨，世俗的歸趨。

《老子》一章

知常容，容乃公，公乃王，王乃天，天乃道，道乃久，沒身不殆。

知常：知道常行，常行指去情忘慾。容：包容。王：為天下王。天：天子。天乃道：猶言與道合同。沒身：終身。殆：凶災。

《老子》十六章

聖人終不爲大，故能成其大。

不為大：不自以為大。

《老子》三十四章

作道優游深獨居，扶養性命守虛無；
恬淡無爲何思慮，羽翼已成正扶疏，
長生久視乃飛去。

作道：修道。性命：指神氣。扶疏：茂盛之貌。飛去：猶言羽化登仙。

不求大道出迷途，縱負賢才豈丈夫。
百歲光陰石火爍，一生身世水泡浮。
只貪利祿求榮顯，不覺形容暗瘁枯。
試問堆金等山岳，無常買得不來無？

西晉・魏華存《黃庭經》

迷途：指追求名利之途。石火爍、水泡浮：比喻一閃即逝，人生短暫。無常：指生命終結。

宋・張伯端《悟真篇》

禍福由來互倚伏，還如影響相隨逐。
若能轉此生殺機，反掌之間災變福。

宋・張伯端《悟真篇》

影響：如物體在光中投影，如發出的聲音在空谷迴響。

至則不論，論則不至。明見無值，辯不若默。道不可聞，聞不若塞，此之謂大得。

意謂得道的人是不議論的，議論的人是不能得道的。從明處尋便不會遇見，辯論不如沉默。道是不能聽聞的，聽聞不如塞耳不聽，這才是真正的得道。

《莊子・知北遊》

養志者忘形，養形者忘利，致道者忘心。

《莊子・讓王》

形：形體。心：心機。

賢者守時，不肖者守命也。

《黃帝陰符經》

守時：固守時機。守命：固守生命（形體）。

夫有道者，視爵位如湯鑊，見印綬如縗經，視金玉如土糞，視華堂如牢獄。

晉・葛洪《抱朴子・論仙》

湯鑊：湯，滾水；鑊（ㄏㄨㄛˋ），無足大鼎，古代的一種酷刑，把人投入滾湯中煮死。印綬：印和繫印的絲帶，指官吏的印章，此處喻指權力。縗經：縗（ㄘㄨㄟ），古時喪服，用粗麻布製成，披於胸前；經，古代喪服中的麻帶。

凡學道者，當階淺以涉深，由易以及難，志誠堅果，無所不濟。疑則無功，非一事也。夫根荄不洞地，而求柯條乾雲，淵源不泓窈，而求湯流萬里者，未之有也。

階淺：猶言由淺。根荄不洞地：草木的根不深入土裡。乾雲：凌雲。泓窈：深遠。

晉・葛洪《抱朴子・微旨》

不恤乎窮，不榮於達，不戚乎毀，不悅乎譽，道家之業也。儒者祭祀以祈福，而道者履正以禳邪；儒者所受者，勢利也，道家所寶者，無欲也；儒者汲汲於名利，而道家抱一以獨善；儒者所講者，相研之簿領也；道家所習者，遣情之教戒也。

禳（ㄖㄤˊ）邪：祭禱消災。抱一：一，指道，謂守道不失。相研：疑為相鬥，即相斗。簿領：官府記事的簿冊、文書。教戒：教導儆戒。

晉・葛洪《抱朴子・明本》

性篤行真，心無怨貳，乃得升堂以入室。

怨貳：怨恨，懷疑。升堂以入室：比喻取得較高造詣。

晉·葛洪《抱朴子·極言》

夫人求道，如憂家之貧，如愁位之卑者，豈有不得耶？但患志之不篤，務近忘遠。

務近忘遠：追逐眼前而忘卻高遠。

晉·葛洪《抱朴子·登涉》

人能知一萬事畢。知一者，無一之不知也，不知一者，無一之能知也。道起於一，其貴無偶，各居一處，以象天地人，故曰三一也。天得一以清，地得一以寧，人得一以生，神得一以靈。金沈羽浮，山峙川流，視之不見，聽之不聞，存之則在，忽之則亡，向之則吉，背之則凶，保之則遐祚罔極，失之則命雕氣窮。

無偶：無能相比。遐祚罔極：福能長久而無窮。命雕：猶言傷命。

晉·葛洪《抱朴子·地真》

守一存真，乃能通神，少欲約食，一乃留息，白刃臨頸，思一得生。知一不難，難在於終。守之不失，可以無窮，陸避惡獸，水卻蛟龍，不畏魍魎，挾毒之蟲，鬼不敢近，刃不敢中。此貞一之大略也。

大略：大要、大概。

晉·葛洪《抱朴子·地真》

忠道者不以否滯而改圖，守正者不以莫賞而苟合。

否滯：猶言疑惑。

晉·葛洪《抱朴子·廣譬》

玄寂虛靜者，神明之本也；德行文學者，君子之本也；莫或無本而能立焉。是以欲致其高，必豐其基，欲茂其末，必深其根。

晉·葛洪《抱朴子·循本》

聖人之制萬物也，全其天地。天全則神全矣，神全之人不慮而通，不謀而當，精照無外，志凝宇宙，德若天地。然上爲天子而不驕，下爲匹夫而不惛。此之謂全道之人。心平正不爲外物所誘，曰清，清而能久則明，明而能久則虛，虛則道全而居之。

《亢倉子·全道》

惛（ㄏㄨㄣ）：糊塗。

導筋骨則形全，翦情慾則神全，靖言語則福全，克保三全，是謂淸賢。

《亢倉子·用道》

導：疏導、導引。靖：謙恭。

同道者相愛，同藝者相嫉，人情自然也。多才而好謙，貧賤而不諂，處勞而不爲辱，富貴而恭勤，可謂有德道也。

《亢倉子．用道》

為辱：被辱。

清靜者，清靜其心也，人之病根，大約在種種妄念，妄念既除，尚有多少游思，擾於胸臆。去游思之道，惟在內觀，始而有物，至於無物，無物之極，至於無我。

《唱道眞言》

胸臆：心胸。

心以神爲君，神在於心則丹爲我有，神馳於物，則我不有心。

《唱道眞言》

君：本義為尊，這裡猶言主宰。

人獲一顆明珠，把他做一塊瓦礫看，則我與珠相忘。珠安於我，我安於珠，何等快樂。若竟作珠看，時時撫摩刻刻記掛，則此珠反足爲我累，有累則心不空，心不空則背道矣。

《唱道眞言》

萬物靜觀皆自得，四時佳興與人同。

《唱道真言》

學道以無爲爲宗，有爲出於無爲，則雖呼風呼雨，拔山斷流，終是無爲之旨，不然一舉一動，一符一籙，未悉道原，總是小家伎倆。

符、籙：道教法術，說是天神的文字，可用來驅使鬼神，祭禱和治病等。

《唱道真言》

古今茫茫，玄家無數旁門，盡屬捏空作餅，何救於飢。有志之士，宜修至道，以大賢大聖爲宗師，以明心見性爲準的。

玄家：道家。旁門：邪門。準的（ㄉㄧˋ）：標準。

《唱道真言》

以訛傳訛，以妄逐妄，群瞽相隨，衆聾聚話，以求登真入聖，不亦難哉？

瞽（ㄍㄨˇ）：瞎眼。

《唱道真言》

心也者，萬物之本，一元之會，捨心而別求，猶離根而求葉也。

一元：太一本元。

《唱道真言》

千古宗師，度人無量，只是教人明性見性，磨洗玄珠，靈光透發，他自能生出妙悟，暗契真機，與我心朗朗相印。《唱道真言》

玄珠：黑色的明珠，比喻大道。暗契：猶言自然契合。

和以處眾，寬以樂群，寡言以養德，常定以安心，一切惡習，蕩滌殆盡，便是一位在世仙人。《唱道真言》

上士學道，體之於身；中士學道，索之於言，下士學道，求之於術，學者多而成者少。良由道在邇而求諸遠也。《唱道真言》

身：形體。言：論道之言。術：小的道術。邇：近。

有志之士，當於自己方寸位中，做出曠古以來，有一無二的事業。《唱道真言》

人生於世，不可多得，一轉眼間，死期即至。要做事須做天地間少不得事，凡無之不爲輕，有之不足重者，讓那一班閑漢做去。《唱道真言》

學道之士，何所爲而爲之，爲長生不死乎？爲文章事業乎？一無所爲也。惟一無所爲，而后可以謂之學道之士。

《唱道真言》

世界有盡，而聖賢之心無盡，日月有窮，而聖賢之心無窮。

《唱道真言》

無事於心，無心於事，內觀其心，心無其心，外觀其形，形無其形，遠觀其物，物無其物。知心無心，知形無形，知物無物，起出萬幻，確然一靈。

《紫清指玄集》

至道之要，至靜以凝其神，精思以徹其感，齋戒以應其真，慈惠以成其功。

《紫清指玄集》

如龍養珠，如雞抱卵，可以無心會，不可以用心作，可以用心守，不可以勞心爲，此乃修丹之要，入道之玄。

《紫清指玄集》玄：玄妙。

以信之一字，爲入道之階；以勤之一字，爲行道之本；以無之一字應物，以有之一字凝神。

《紫清指玄集》

丹經萬卷，不如守一，守得其一，萬法歸一。

《紫清指玄集》

道至簡至易，雖愚昧小人，得而行之，亦立躋聖域，奈何世之修真者。志道而不專精，專精而不勤久，是以學者衆而成者寡也。

躋（ㄐㄧ）：升。

《性命圭旨》

心如明鏡連天淨，性似寒潭止水同，十二時中常覺照，休教昧了主人翁。

止水：靜止不起波瀾的水。十二時：指十二個時辰，二十四小時。主人翁：借指心、性。

《性命圭旨》

勸君學道莫貪求，萬事無心道合頭，無心始體無心道，體得無心道也休。

《性命圭旨》

掃除六賊淨心基，榮辱悲歡事勿追，
專氣致柔窺內景，自然神室產摩尼。
內景：內，心；景，象；外象是日月星辰之象，內象是血肉筋骨之象，內景，即心居身內，存觀一體之象。
《性命圭旨》

道乃天地心，愚痴不解尋，
破不要縫補，須用水磨針。
《性命圭旨》

學道之士，不患不成，惟患不勤，苟能專精而勤，未有學而不得也。設使立志不堅，信道不篤，朝爲而夕改，始勤而中輟，悅於須臾，厭於持久，慾望與天齊壽，不亦難乎？
設使：假使。中輟：中途停止。須臾：片刻。
《性命圭旨》

心空無爲，久即明道，明道則神通。
《丹道秘書》

道者心之體，心者道之用，道融於心，心會於道，道外無餘心，心外無餘道。
《金丹大成集》

以名利盜其心，以是非賊其志，日漸一日，寖成鄙吝。不知好道，而自與遠，然至道不遠，常在目前。

《復命篇》

賊：傷害。寖（ㄐㄣˋ）：逐漸浸染。

天下無二道，殊途而同歸，聖人無兩心，百慮而一致，古今一道，聖賢同心。

唐·施肩吾《西方群仙會真記》

第二章

修身篇

道德情操

一孝　孝者，存則承顏養志，愛敬不忘。
二悌　悌者，敬兄友弟，恭老尚年。
三慈　慈者，少者懷之，不獨子其子，不殺害生物以肥其身。
四愛　愛者，矜孤恤貧，隨力濟物。
五公　公者，老老幼幼，舉斯加彼；物我不分，窮達一視；克伐怨欲不行，意必固我不立。
六恕　恕者，己所不欲，勿施於人。不以所長者病人，不以所能者愧人。不念舊惡，不記人過。
七正　正者，順理而行，不爲阿比。安命守分，不肯苟求。
八敬　敬者，正名辨分，敬老崇賢。
九明　明者，不讀非僻之書，不爲非禮之視。
十聰　聽者，不受浸潤之譖，樂聞讜直之言。
十一自反　自反者，愛人不親，反其仁；治人不治，反其智；禮人不答，反其敬；

行有不得者，皆反求諸己。

十二剛　剛者，乾健篤實，不爲物擾。富貴不能淫，貧賤不能移，威武不能屈。

十三勇　勇者，見善必爲，知過必改。

十四謹　謹者，不侈然自放，不軒然自得，言不輕發，事不輕舉。不出位而思，不怨天，不尤人。不居下訕上，務隱惡揚善。

十五謙　謙者，有若無，實若虛，以能問於不能，以多問於寡。

十六讓　讓者，辭尊居卑，推多取少，慮於下人，善則稱人。

十七介　介者，確然有守，不爲俗變。

十八廉　廉者，見得思義，分無求多。

十九寬　寬者，納污藏疾，犯而不校。

二十厚　厚者，德必報，怨不仇，故舊不遺，篤序姻親。成人美，掩人過。

二十一直　直者，志義不屈不撓，詞色不佞不諛。

二十二存心　存心者，真實無妄。

二十三知言　知言者，真僞忠佞，貴於辨察。

二十四知人　知人者，識別邪正，愛而知其惡，憎而知其善。

二十五窮理　窮理者，博覽以致廣大，窮究以盡精微，凡大而天地之理，微而事物之故，明而禮樂之文，幽而鬼神之情狀，近而人物賢否邪正之分，遠而古今興衰治亂之跡，無一不當致知。疑事每質，知之爲知之，不知爲不知。

二十六待人　待人者，不逆詐，不億不信，又當先覺，不可受人之欺。見賢思齊，見不賢而內自省。親賢人，遠小人。

二十七處事　處事者，別是非，辨可否，審利害，討始終，義以爲質，禮以行之，遜以出之，信以成之。

二十八知命　知命者，貧富貴賤，甘於自然。

二十九盡己　盡己者，言顧行，行顧言。

三十報誠　報誠者，爲人謀而忠，與人有終始，體道無虛僞。

存：居。承顏：順承父母的顏色。子其子：前一「子」謂愛，後一「子」謂兒子。老老幼幼：即「老吾老，以及人之老；幼吾幼，以及人之幼」。克伐：指欺壓弱小。病人：責備人。愧人：使別人覺得慚愧。阿（ㄜ）比：徧袒勾結。浸潤之譖（ㄗㄣˋ）：浸潤：如水一樣地緩慢滲透；譖：毀人之行。意謂毀人者常不緊不急，使聽者深信不疑。讜（ㄉㄤˇ）：正直。反：反省。確然：堅定的樣子。篤序：誠實有禮儀。詞色：言語修飾。禮樂之文：禮，禮儀；樂，五聲八音的總名；文，禮樂制度。義：事之宜，亦指做事的根本。體道：不離於道。

趙為謙《吉德四十條》

一傲　傲者，簡賢德，侮老成，自處放肆，待物輕率。

二私　私者，立物我，分町畦，凡事只求自利。

三貪　貪者，貨殖玩好，貪名逐祿，不務自守，動輒有術。

四吝　吝者，不濟人以財，當予者不予，但有刓忍戀惜之意，不教人以善，所有則隱蔽，恐他人知之。

五欲　欲者，耳於聲，目於色，口於味，鼻於臭，四肢於安佚。

六佞　佞者，脅肩諂笑，巧言飾語，擎跪曲拳。凡冀以逢迎投合人意向者皆是。

七巧　巧者，好穿鑿以爲智。

八驕　驕者，挾富貴以自恣，恃才美以爲高，常有欲自表見意，常有陵壓人意。

九侈　侈者，大寶廬、華衣服，盛車馬，美飲食，麗器用，越制度，不安分。

十詐　詐者，虛言罔人，匿行炫耀。

十一欺　欺者，食言，僞言，大言，行事不確實，爲人不親切，有失自蓋藏。

十二譎　譎者，多機關，挾術數，務詭隨，易反覆。

十三滿　滿者，器識褊狹，不能自居，矜驕傲世，侮慢才德。

十四矯　矯者，心跡不相副，沽激以求名。
十五不明　不明者，溺亂色，觀非僻之書，視非理之物。
十六不聰　不聰者，諱聞過，喜諂佞，惡正直。
十七昏　昏者，於是不審是非可否，於人不識誠僞善惡，遠賢人，交小人。
十八固　固者，拘方泥直，執滯不通。
十九偏　偏者，不求中正，好惡任情。
二十比　比者，不顧是非，徇情黨物。
二十一鄙　鄙者，計瑣屑，甘猥賤。
二十二陋　陋者，安於卑陋，不務廣覽博取以長見識。
二十三悖　悖者，執己自是，違眾縱慾。
二十四淺　淺者，以小小得喪爲利害，以小小毀譽爲榮辱，以小小逆順爲恩怨。
二十五輕　輕者，事不詳審而妄爲，言不詳審而發。
二十六浮　浮者，不敦篤。
二十七忌　忌者，聞人才美而媢嫉，見人富貴而熱中。凡以勝己爲不滿者，皆忌也。
二十八刻　刻者，督責太苛，掊克無艾，念怨不忘，敗人之善，成人之惡。

二十九薄　薄者，喜聞人過，好言人短，忘恩負德，得新棄舊。輕訾毀，好攻訐。

三十險　險者，設機阱，包禍心，陷人不義，中人凶禍。

三十一忍　忍者，害物傷人，幸災樂禍。

三十二克　克者，多尙人，不遜善，事功欲自己出，議論專好己勝。

三十三褊　褊者，器宇狹隘，不能容物。

三十四誕　誕者，無而爲有，虛而爲盈，約而爲泰。

三十五粗厲　粗厲者，氣象兀突難親。

三十六躁　躁者，不耐激觸，不能容忍。

三十七暴　暴者，任情恣橫，挾勢凴陵。

三十八懦　懦者，柔而無立，隨俗浮沈，自守不堅，屈於威勢。

三十九怨　怨者，不安義命，不務反躬，一切歸咎於天人。

四十憂　憂者，患貪畏禍。昔人謂：禍患之來，自有個處置。若過於憂，是無義無命也。

簡：簡慢。貨殖：經商。玩好：玩賞的好東西。予：賜予。刓（ㄨㄢˊ）：摩損。但有：只有。耳、目、口、鼻：均為動詞。耳好聞，口好嘗，目好視，鼻好聞。佞：（ㄋㄧㄥˋ）巧言獻媚。擎跪曲拳：獻媚的樣子。穿鑿：猶言附會。恣：放縱。高：貴。見：顯示。陵：侵侮。虛言：不真實之言。罔人：蒙蔽人。匿：藏、隱蔽。食言：行為違反自己的言論。偽言：不真實之言。機關：指計謀計策。術數：指多種迷信。詭隨：不顧是非而妄隨之。器識：器量與見識。心跡：思想和行為。副：稱。沽激：矯飾感情，冒犯事物。溺：沈溺。拘：執。泥：滯。拘方泥曲：不知變通。中正：公正。徇：與殉通。縱慾：殉自己之私意。得喪：得失。敦篤：惇厚篤實。媢（ㄇㄠˋ）疾：疾通嫉，即忌妒意。熱中：內心不快。掊（ㄆㄡˊ）克：以苛稅斂取民財。艾：止盡。敗：毀。訾（ㄗˇ）：詆毀。攻訐：責人過失，揭人隱私。陷：誘使。中：猶言以毒箭射中人。尚人：崇尚地位高的人。器宇：人的度量儀表。容：包涵。約：窮。氣象兀突：氣概很高的樣子。激觸：冒犯。挾勢馮陵：依仗勢力凌人。馮與「憑」通，陵即「凌」。立：樹立，建樹。浮沈：上下，沈即沉。反躬：自省。

趙為謙《學道指南．凶德四十條》

不得盜竊人物，不得妄取人財，不得妄言綺語，不得因恨殺人，不得貪嗔痴恨，不得慢老欺人，

不得咒詛毒心，不得罵詈高聲，
不得呰毀謗人，不得兩舌邪佞，
不得評人長短，不得好言人惡，
不得毀善自譽，不得自驕我慢，
不得畜毒藥人，不得投書譖善，
不得輕慢經教，不得毀謗聖文，
不得恃威凌物，不得貪淫好色，
不得好殺物命，不得耽酒迷狂，
不得殺生淫祀，不得燒野山林，
不得評論師長，不得貪惜財賄，
不得言人陰事。

《說戒・老君二十七戒》

妄言綺語：指不真實的靡麗的語言。嗔（ㄔㄣ）：怒。慢：怠慢。咀：通「詛」。詈（ㄌㄧˋ）：罵。呰（ㄗˇ）：詆毀。兩舌邪佞：指說話花言巧語不正派。我慢：自我傲慢。譖（ㄗㄣˋ）：說人壞話。

小善不積，大德不成，小惡不止，以成大罪。

《說戒・說百病》

德：美德。罪：過失。

喜怒無常是一病，忘義取利是一病，
好色壞德是一病，專心繫愛是一病，
憎欲令死是一病，縱貪蔽過是一病，
毀人自譽是一病，擅變自可是一病，
輕口喜言是一病，快意逐非是一病，
以智輕人是一病，乘權縱橫是一病，
非人自是是一病，侮易孤弱是一病，
以力勝人是一病，威勢自脅是一病，
語欲勝人是一病，貸不念償是一病，
曲人自直是一病，以直傷人是一病，
惡人自善是一病，喜怒自伐是一病，
愚人自資是一病，以功自與是一病，
名人有非是一病，以勞自怨是一病，
以虛爲實是一病，喜說人過是一病，
以富驕人是一病，以貴輕人是一病，
讒人求媚是一病，以德自顯是一病，

敗人成功是一病，以私亂功是一病，
好自掩意是一病，危人自安是一病，
陰陽嫉妒是一病，激厲旁悖是一病，
多憎少愛是一病，評論是非是一病，
推負著人是一病，文拒鈎錫是一病，
持人長短是一病，假人自信是一病，
施人望報是一病，無施責人是一病，
與人追悔是一病，好自怨諍是一病，
罵詈蟲畜是一病，蠱道厭人是一病，
毀訾高才是一病，憎人勝己是一病，
毒藥酖飲是一病，心不平等是一病，
以賢貢高是一病，追念舊惡是一病，
不受諫諭是一病，內疏外親是一病，
投書敗人是一病，談愚痴人是一病，
煩苛輕躁是一病，擿捶無理是一病，
好自作正是一病，多疑少信是一病，

笑顛狂人是一病，蹲踞無禮是一病，
毌信惡語是一病，輕易老少是一病，
惡態丑對是一病，了戾自用是一病，
好喜嗜笑是一病，喜禁固人是一病，
詭譎諛諂是一病，嗜得懷詐是一病，
兩舌無信是一病，乘酒歌横是一病，
罵詈風雨是一病，惡言好殺是一病，
教人墮胎是一病，干預人事是一病，
孔穴窺視是一病，借不念還是一病，
負債逃竄是一病，背向異辭是一病，
喜抵捍戾是一病，調戲必固是一病，
故迷誤人是一病，探巢破卵是一病，
刳胎剖形是一病，水火敗傷是一病，
笑盲聾喑是一病，教人嫁娶是一病，
教人擿捶是一病，教人作惡是一病，
捨禍離愛是一病，倡禍道非是一病，

見便欲得是一病，強奪人物是一病。

繫愛：猶言沈溺於愛。令：使。自可：自以為是。快意逐非：樂於追逐是非。侮易：侮弄輕視。自伐：自我損害。愚人：使人愚笨。自與：猶言歸己所有。名人：說人。激厲旁悖：謂言行率直，易於激動，行為偏邪，違背事理。著人：顯示人的缺點。文拒鉤錫：錫，賜。意謂文飾過錯，竊取賞賜。假人：利用人。擿捶（ㄓˊ ㄔㄨㄟˊ）：投擲敲打。蹲踞：蹲，曲膝兩臀部不著地，踞，著地坐。了戾（ㄌㄧˋ）：猶言暴戾。孔穴窺視：透過小洞偷看，意謂窺人陰私。背向異辭：當面和背後說話不一。必固：姑且。

《說戒．說百病》

體弱性柔是一藥，行寬心和是一藥，
動靜有禮是一藥，起居有度是一藥，
近德遠色是一藥，除去欲心是一藥，
推分引義是一藥，不取非分是一藥，
雖憎猶愛是一藥，好相申用是一藥，
爲人願福是一藥，救禍濟難是一藥，

教化愚蔽是一藥，諫正邪亂是一藥，

戒敕童蒙是一藥，開導迷誤是一藥，

扶接老幼是一藥，以力助人是一藥，

與窮恤寡是一藥，矜貧救厄是一藥，

位高下士是一藥，語言謙遜是一藥，

恭敬卑微是一藥，不負宿債是一藥，

愍慰篤信是一藥，質言端慤是一藥，

推直引曲是一藥，不爭是非是一藥，

逢侵不鄙是一藥，受辱不怨是一藥，

推善隱惡是一藥，推好取醜是一藥，

推多取少是一藥，稱難賢良是一藥，

見賢自省是一藥，不自彰顯是一藥，

推功引苦是一藥，不自伐善是一藥，

不掩人功是一藥，勞苦不恨是一藥，

懷實信厚是一藥，覆蔽陰惡是一藥，

富有假乞是一藥，崇進勝己是一藥，

安貧不怨是一藥，不自尊大是一藥，
好成人功是一藥，不好陰私是一藥，
得失自觀是一藥，陰德樹恩是一藥，
生不罵詈是一藥，不評論人是一藥，
好言善語是一藥，災病自咎是一藥，
苦不假推是一藥，施不望報是一藥，
不罵畜牲是一藥，爲人祝願是一藥，
心平意等是一藥，心靜意安是一藥，
不念舊惡是一藥，匡邪弼惡是一藥，
聽諫受化是一藥，不干預人是一藥，
忿怒自制是一藥，解散思慮是一藥，
尊奉老者是一藥，閉門恭肅是一藥，
內修孝悌是一藥，蔽惡揚善是一藥，
清廉守分是一藥，好飲食人是一藥，
助人執忠是一藥，救日月蝕是一藥，
遠嫌避疑是一藥，恬淡寬舒是一藥，

尊奉聖文是一藥，思神念道是一藥，
宣揚聖化是一藥，立功不倦是一藥，
尊天敬地是一藥，拜謁三光是一藥，
恬淡無欲是一藥，仁順謙讓是一藥，
好生惡殺是一藥，不多聚財是一藥，
不犯禁忌是一藥，廉潔忠信是一藥，
不多貪財是一藥，不燒山木是一藥，
空車助載是一藥，直諫忠信是一藥，
喜人有德是一藥，赴與窮乏是一藥，
代老負擔是一藥，除情去愛是一藥，
慈心愍念是一藥，好稱人善是一藥，
因富而施是一藥，因貴爲惠是一藥。

體弱：身體柔弱。推分引義：推卻名分，引來正義。非分：不屬於分內。敕（ㄔˋ）：告戒。宿債：舊債。愍（ㄇㄣˇ）慰：謂有愛憐之心。質言端慤（ㄑㄩㄝˋ）：言語質樸，行為忠厚。逢侵：遭受侵害。假乞：給與乞討者。陰德：暗中有德於人的行為。匡邪弼惡：匡，匡正；弼，糾正。受化：接受教化。恭肅：恭敬嚴肅。孝悌（ㄊㄧˋ）：孝，善事父母；悌，敬愛兄長。守分：安守本分。聖化：聖人的教化。三光：指日月星。走與：給予。

疾雷破山而不驚，白刃交前而無懼。視名利如過隙，知生死若潰癰。

唐・司馬承禎《坐忘論》

過隙：過：越過；隙，縫隙，形容一閃而過。潰癰（ㄩㄥ）：爛瘡。

萬善之要者，道德孝慈功能也；萬惡之要者，反道德，凶逆賊殺也。

《七部語要》

功能：事功和能力。

福者禍之先，利者害之源，治者亂之本，存者亡之根。上德之君，質而不文，不視不聞，而抱其玄，無心無意，若未生焉。執守虛無，而因自然。原道德之意，揆天地之情。禍莫大於死，福莫大於生。是以有名之名，喪我之槖，無名之名，養我之宅；有貨之貨，喪我之賊，無貨之貨，養我之福。

先：向導。上德之君：具有高尚德行的人。質：樸實。文：文華辭采。

因：順隨。揆（ㄎㄨㄟˇ）：度量、揣度。有名之名：即老子所言「名可名」，實指富貴尊榮等。

《七部語要》

天下有富貴者三：貴莫大於無罪，樂莫大於無憂，富莫大於知足。知足之爲足，天道之祿，不知足之爲止，害乃及己。

知足之為足：意謂知道滿足。不知足之為止：意謂滿足而不能禁止。

《七部語要》

敬天地，重日月，懼國法，依王道，孝父母　上謙讓　下和睦　好事升　惡事止　成人學　破人斷　高知危　滿知溢　靜常安　儉常足　慎無憂　忍無辱　去奢華　行務真實　掩人非　揚人德　行方便　和鄰里　親賢善　遠聲色　貧守分　富施惠　行平等　休倚勢　長克己　莫嫉妒　少慳貪　除狡猾　逢冤解　積人行　許不違　話有信　念孤寡　濟貧困　救危難　釋陰德　行慈惠　休殺生　聽忠言　莫欺心　依此行可超升。

破人斷：猶謂幫助人決斷。超升：超脫升仙。

《太上老君外日用妙經》

直繩者，枉木之所憎也，清公者，奸慝之所讎也。

直繩者：秉直執法者。讎：仇。

晉・葛洪《抱朴子・名實》

憫人之凶，樂人之善，濟人之急，救人之危。見人之得，如己之得，見人之失，如己之失。不彰人短，不衒己長，遏惡揚善，推多取少。受辱不怨，受寵若驚。施恩不求報，與人不追悔。所謂善人，人皆敬之，天道佑之，福祿隨之，衆邪遠之，神靈衛之，所作必成，神仙可冀。欲求天仙者，當立一千三百善，欲求地仙者，當立三百善。苟或非義而動，背理而行，以惡爲能，忍作殘害，陰賊良善，暗侮君親，慢其先生，叛其所事，誑諸無識，謗諸同學，虛誣詐僞，攻訐宗親，剛強不仁，很戾自用，是非不當，向背乖宜，虐下取功，諂上希旨。受恩不感，念怨不休，輕蔑天民，擾亂國政，賞及非義，刑及無辜，殺人取財，傾人取位，誅降戮服，貶正排賢，陵孤逼寡，棄法受賂，以直爲曲，以曲爲直，入輕爲重，見殺加怒。知過不改，知善不爲，自罪引他，壅塞方術，訕謗聖賢，侵陵道德，射飛逐走，發蟄驚棲，塡穴覆巢，傷胎破卵。願人有失，毀人成功，危人自安，滅人自益，以惡易好，以私廢公，竊人之能，蔽人之善，形人之醜，訐人之私，耗人貨財，離人骨肉，侵人所愛，助人爲非，逞志作威，辱人求勝，敗人苗稼，破人婚姻。苟富而驕，苟免無恥，認恩推過，嫁禍賣過，沽買虛譽，包貯險心。挫人所長，護己所短，乘威逼脅，縱暴殺傷，無故翦裁，非禮烹宰，散棄五穀，勞擾眾生，破人之家，取其財寶，決水放火，以害民居。紊亂規模，以敗人功，損人器物，以窮人用。見他榮貴，願他流貶，見他富有，願他破散，見他色美，起心私之，負他貨財，願他身死。干求不遂，便生咒恨，見他失便，便說他過，見他體相不具而笑之，見他才能可稱而抑之。埋蠱厭人，用藥殺樹。恚怒師傅，抵觸父兄，強取強求，好侵好奇，擄掠致富，巧詐求遷，賞罰不平，逸樂過節，苛虐其下，恐嚇於他，怨天尤人，訶風罵雨。鬥合爭訟，妄逐朋黨，用妻妾語，違父母訓。得新忘故，口是心非，貪冒於財，欺罔其上，造作惡語，讒毀平人。毀人稱直，罵神稱正，棄順效逆，背親向疏，指天地以證鄙懷，引神明而鑒猥事。施與後悔，假借不還，分外營求，力上施設，淫慾過度，心毒貌慈。穢食餧人，左道惑眾，短尺狹度，輕秤小升，以僞雜真，采取奸利。厭良爲賤，謾驀愚人，貪婪無厭，咒詛求直，嗜酒悖亂，骨肉忿爭，男不忠良，女不柔順。不和其室，不敬其夫，每好矜夸，常行妒忌。無行於妻子，失禮於舅姑，輕慢先靈，違逆上命，作爲無益，懷挾外心，自咒咒他，偏憎偏愛，越井越灶，跳食跳人，損子墮胎，多行隱僻，晦臘歌舞，朔旦號怒。對北涕唾及溺，對灶吟咏及笑，又以灶火燒香，穢柴作食，夜起裸露，八節行刑。唾流星，指虹蜺，輒指三光，久視日用。春日燎獵，對北惡罵，無故殺龜打蛇。如是等罪，司命隨其輕重，奪其紀算，算盡則死，死有餘責，乃殃及子孫。

不衒己長：衒，自矜，炫耀，不誇自己的長處。與人：給予人，猶言施捨。一千三百善：泛指多做善事。誑（ㄎㄨㄤˊ）諸無識：誑，欺騙、迷惑，欺騙沒有知識的人。很戾自用：很，通「狠」，猶言剛愎自用。諂上希旨：希旨，亦作「希指」，謂迎合君上的意旨。陵孤：欺凌孤寡。壅塞方術：堵塞道術。射飛逐走，發蟄驚棲：射逐飛禽走獸，驚動潛伏棲息的動物。非禮烹宰：指濫殺無故生靈。穢食餧（ㄨㄟˋ）人：用骯髒食物給飢餓的人。左道：邪道。謾驀愚人：欺騙愚笨的人。輕嫚（ㄇㄢˋ）：輕視。越井越灶，跳食跳人：越，通「敓」，搶劫；井、灶，水與火為民生之根本，謂掠奪別人財產，破壞向有之禮俗。晦臘歌舞，朔旦號怒：一月之終為晦，一歲之終為臘，一月之始為朔，一日之始為旦，在這些日子裡，君子是不歌不舞，不號不怒的，無德的人才又歌舞又號怒。對北涕唾及溺：故代以東向南面為尊，古代君子為了避君位，視「對北」為忌，面對北方流涕唾吐和便溺。八節：指立春立夏立秋立冬春分夏至秋分冬至。虹蜺（ㄋㄧˊ）：螮，蝀，雄為虹，雌為蜺。

清·俞樾《太上感應篇纘義》

道德修煉

澹泊無憂喜，情慾不能傾。

《太上虛無自然本起經》

傾：干擾。

追悔既往，洗心自新，雖失之於壯齒，冀收之於晚節；以功補過，過落而功全。以正易邪，邪忘而正在。轗軻不能移其操，喧嘩不能亂其情。

既往：已經過去的錯誤。洗心：猶言悔過自新。壯齒：指年輕時。冀：希望。晚節：晚年。易：改變。轗軻：同坎坷，比喻不得志。

唐·吳筠《神仙可學論》

修道之人，要須斷簡事物，知其閑要，較量輕重，識其去取，非要非重皆應絕之。猶人食有酒肉，衣有羅綺，身有名位，財有金玉，此並情慾之餘好，非益生之良藥。

唐·司馬承禎《坐忘論》

夫以名位比於道德，則名位假而賤，道德真而貴。能知貴賤，應須去取，不以名害身，不以位易道。

唐．司馬承禎《坐忘論》

不貪故無憂，不積故無失。

唐．司馬承禎《坐忘論》

貴能不驕，富能不奢，爲無俗過，故得長守富貴。

唐．司馬承禎《坐忘論》

修福則善應，爲惡則禍來。

《諸真語錄》

嗜慾連綿於外，心腑擁塞於內；曼衍於荒淫之波，留連於是非之境，而不敗德傷生者，蓋赤寡矣。

《七部語要》

連綿：接連不斷。擁塞：堵塞。曼衍：連綿不斷。

昧暗之事，未有幽而不顯；昏惑而行，未有隱而不彰。修操於明，行悖於幽，以爲人不知也。若人不知，則鬼神知之，鬼神已知之而云不知，是盜鐘掩耳之智也。若身常居善，則內無憂慮，外無畏懼，獨立不慚影，獨寢不愧衾。上可以接神明，下可以固人倫。德被幽明，慶祥臻集。

昧暗：陰暗。幽：隱藏。彰：顯露。修操於明：在明地裡裝飾操行。行悖於幽：在隱蔽處幹悖理之事。盜鐘掩耳：比喻自己欺騙自己。被：覆蓋。慶祥臻集：幸福吉祥降臨。

《七部語要》

爲小惡者，勿爲無禍。小善者如九層之台，起於壘土；千里之行，起於足下。爲一善以至於萬善，一一而皆有福應。

勿為：不要以為。

《七部語要》

爲小惡者，如積小以成大。從微至著，爲一惡以至於萬惡，一一而皆有禍應。

著：顯明。

《七部語要》

君子之立身，以玄德爲父，以神明爲母，清靜爲師，太和爲友。爲虛爲龍，與天地同，爲玄爲默、與道窮極。非時不動，非和不言；治之於根本，絕之於木也。

玄德：道家所提倡的一種道德。玄，玄妙深奧。太和：猶言：「道」。為玄為默：即深沈靜默。窮極：盡。時：時機。

《七部語要》

尚爭貴武，威勢流行，名蓋天下；殘委忠信，伐紀滅理，與善爲怨，與鬼爲仇，與惡爲友。飲食重味，多積珍寶，此爲揚禍之人，危亡之大數。故名在青雲之上，身居黃泉之下。

《七部語要》

尚爭：喜好爭鬥。流行：盛行一時。殘委：傷害委屈。重味：口味濃重。揚禍：擴大禍害。大數：指命運。青雲：指高空。黃泉：指人死後埋葬的地穴，亦指陰間。

大德者受天下之大惡，大仁者受天下之大辱。能受天下之大惡，故能養天下之尊祿；能受天下之大辱，故能爲天下之獨貴。

《七部語要》

大德：盛大的功德。大惡：極大的醜惡。養天下之尊祿、為天下之獨貴：均指能獨標於世，統治天下。

累絲至匹，累土至山，累業至聖，累靈至真。故萬里之涉，累足乃達。

《七部語要》

累：積累。

其日莫宵，長明不殆，其月不虧，長登景曜，劫運到滅，墮會而沒。是以道人托而不久，功而不處。自容自受，正氣不離。

殆：危險，這裡指熄滅。景曜（ㄧㄠˋ）：日光的照耀。托：寄托。處：居。自容自受：自我寬容自我承受。

《七部語要》

夫火生於木，火發而木焚。國生於奸，奸深則國亂。亦猶蠶能作繭，繭成則殺其身。人能生事，事煩則害其命。非至聖不能修身煉行，防之於未萌，治之於未亂。夫十圍之木，起於拱把，百仞之台，起于足下。小惡不懼，必成大禍。

十圍之木：需十人圍的樹，比喻樹大。拱把：拱，兩手合圍；把，一手所握，指小樹。

《七部語要》

聖人者，適情而已，量腹而食，度形而衣。節乎己，而貪污之心無由生。

《七部名數要記·守清第七》

人之情性，皆好高而惡小，好得而惡亡，好利而惡病，好尊而惡卑賤。眾人爲之，故弗能成。

亡：丟失。

《七部名數要記·守盈第八》

天下之要，不在於彼而在於我；不在於人而在於身。身得即萬物備矣。故達於心術之論者，即嗜欲好憎外矣。是故無所喜、無所怒、無所樂、無所苦，萬物玄同，無非無是。故士有一定之論，女有不易之行。不待勢而尊，不須財而富，不須力而強；不利財貨，不貪勢名，不以貴爲安，不以賤爲危。形神氣志，各居其宜。

彼：其他，別的。達：通達。玄同：同歸「奇妙」。一定之論：合乎道德的理論。不易之行：不能更改的行為。待勢：等待依靠勢力。須財：等待財物。利：享受、占有。各居其宜：分別恰到好處。

《七部名數要記．守弱第九》

外形在道，皮好念真而心抱陰賊，凶惡內臻，願人破敗，嫉賢妒能，口美心逆，面歡內嗔，形論得失，妄造罪源，毀慢同學，攻伐師友。三官所記，標爲惡門。仙真高逝，邪魔攻身。走作形景，飛散體神，故令枉橫，極其惡源，考滿形灰，滅己九泉，圖有玄名，豈保自然。

皮好念真：皮，表面，真，道家心中的本源，意謂表面修真。內臻：身內積集。形論：比較議論。慢：輕視。三官：亦稱「三元」，道教所奉的神，即天官、地官、水官，天官賜福，地官赦罪，水官解厄。考滿行灰：指壽終正寢。

《七部名數要記．七傷》

每見幼稚之子，知識未開，於父母則知愛，於兄長則知敬。見可哀而悲，見可喜而歡，雖曰天良用事，亦無氣未散而能然。人苟能兢兢守之，保而勿失，將世無惡俗，人無夭喪，無地清寧，雨暘時若。守身者此爲第一關要。

《度人經》

能然：能夠這樣。苟能：假如能。雨暘（一尢）時若：暘，日出；時，季節；若，順從；意謂四季氣候順從。

形固可使如槁木，而心固可使如死灰乎？

《莊子．齊物論》

意謂形體安定固然可以使它像乾枯的枝木，心靈寂靜固然可以使它像熄滅的灰燼嗎？

名也者，相軋也；知也者，爭之器也。

《莊子．人間世》

名：名利。軋：排擠、傾軋。爭：競爭。器：工具、手段。

善不積不足以成名，惡不積不足以滅身。

《周易・繫辭下》

積：積累。

眾人重利，廉士重名，賢士尚志，聖人貴精。

《莊子・刻意》

廉士：廉潔之士。精：純一。

臨凝結而能斷，操繩墨而無私者，幹人也。

晉・葛洪《抱朴子・行品》

臨：遇到。凝結：指糾結難辨的事。操繩墨：掌握法度。幹人：有才幹的人。

見善則遷，有過則改。

《周易・益》

遷：改變。

久與賢人處則無過。

《庄子・德充符》

鉤曲之形，無繩直之影，參差之上，無整齊之下。

參差（ㄘㄣ ㄘ）：不整齊。

晉・葛洪《抱朴子・廣譬》

見素抱朴，少私寡慾。

見：同「現」。抱：抱守。

《老子》十九章

聖人去甚，去奢，去泰。

去：棄。甚：指貪淫聲色。奢：指服飾飲食。泰：指宮室台榭。

《老子》二十九章

罪莫大於可欲，禍莫大於不知足，咎莫大於欲得，故知足之足常足。

知足之足常足：知道滿足的人永遠是心滿意足的。

《老子》四十六章

安時而處順，哀樂不能入也。

意謂安心適時而順應變化，哀樂的情緒就不能侵入心中。

《莊子・養生主》

凡事若小若大，寡不道以歡成。事若不成，則必有人道之患，事若成，則必有陰陽之患。若成若不成而後無患者，唯有德能之。

寡：少有。不道：不依順道。人道之患：人為的禍患。陰陽之患：陰陽之氣失調患病。

《莊子．人間世》

多男子則多懼，富則多事，壽則多辱，是三者，非所以養德也。

懼：恐懼。

《莊子．天地》

悲樂者，德之邪；喜怒者，道之過；好惡者，心之失。故心不憂樂，德之至也；一而不變，靜之至也；無所於忤，虛之至也；不與物交，惔之至也；無所於逆，粹之至也。

忤：抵觸。惔（ㄊㄢˊ）：通「淡」。粹：純粹。

《莊子．刻意》

棄事則形不勞，遺生則精不虧。

棄事：捨棄俗事。遺生：遺忘生命中的事務。

《莊子．達生》

草食之獸不疾易藪，水生之蟲不疾易水，行小變而不失其大常也，喜怒哀樂不入胸次。

疾：怕。易藪：變換草澤。行小變：進行了小的改變。大常：根本需要。《莊子．田子方》

至禮有不人，至義不物，至知不謀，至仁無親，至信辟金。

不人：指沒有人我之分。不物：指沒有物我之分。謀：謀略。無親：不表露愛跡。辟（ㄆㄧˋ）金：辟，除，不用金錢作質證。《莊子．庚桑楚》

貴富顯嚴名利六者，勃志也。
容動色理氣意六者，謬心也。
惡欲喜怒哀樂六者，累德也。
去就取與知能六者，塞道也。

顯嚴：高顯、威勢。勃：同「悖」，亂。謬：借為「繆」，繫縛之意。累：負累。塞：障礙。《莊子．庚桑楚》

渙其躬，無悔。

渙其躬：猶言渙散自身的私利。

《周易．下經》

富有之謂大業，日新之謂盛德。

意謂天擁有萬物，無比富有，這就是偉大的事業，天造化萬物，日新又新，一刻不止，這就是盛大的德行。

《周易．繫辭下》

君子終日乾乾，夕惕若，厲無咎。

意謂君子整日奮發不懈，夜晚仍戒慎恐懼，雖處危險，也不會發生過失與災難。

《周易．乾》

旅瑣瑣，志窮災也。

瑣瑣：瑣碎小器。意謂失意時，人窮志短，所以會有災難。

《周易．旅》

耳可鑿而塞，目可穿而眩，口可私而訥。

鑿：挖通。穿：看穿。訥：木訥。

《陰符經》

道存則尊，德勝則貴。

晉・葛洪《抱朴子・嘉遁》

世人所畏唯勢，所重唯利。

晉・葛洪《抱朴子・逸民》

學道之士，以能忍爲本。喜怒哀懼，非吾心之所有，一切掃除，何等快樂。雖然忍之一字，難言之矣，非大勇其孰能之，非浩然之氣塞乎天地之間者，其孰能之。

《唱道真言》

恢恢然世故不棲於心術，茫茫然寵辱不汩其純白。流俗之欲，不能樂其神，近人之所惑，不能移其志；榮華猶贅疣也，萬物猶蜩翼也。

恢恢然：恢宏的樣子。棲：居留。贅疣（ㄓㄨㄟˋ ㄧㄡˊ）：比喻多餘無用。蜩（ㄊㄧㄠˊ）翼：蟬的翅脖，比喻微不足道。

晉・葛洪《抱朴子・逸民》

官高者，其責重；功大者，人忌之；獨有貧賤，莫與我爭，可得長寶而無憂焉。

晉・葛洪《抱朴子・逸民》

淡泊肆志，不憂不喜，斯爲尊樂。

晉・葛洪《抱朴子・逸民》

蓋人之有禮，猶魚之有水矣；魚之失水，雖暫假息，然枯靡可必待也；人之棄禮，雖猶靦然，而禍敗之階也。

靦（ㄊㄧㄢˇ）然：慚愧的樣子。

晉・葛洪《抱朴子・譏惑》

欲人之敬之，必見自敬焉。不修善事則爲惡人，無事於大則爲小人。

晉・葛洪《抱朴子・刺驕》

古人謂通達者，通於道德，達於仁義耳。

晉・葛洪《抱朴子・刺驕》

約則易從，儉則用少；易從則不煩，用少則費薄。不煩則莅（ㄌㄧˋ）事者無過矣，費薄則調求者無苛矣。

晉・葛洪《抱朴子・省煩》

外埼則勞，勞則不學清而清至矣；居沃則逸，逸則不學奢而奢來矣；淸者福之所集也，奢者禍之所赴也。福集則雖微可奢，雖衰可興焉，禍赴則雖強可弱，雖存可亡焉。

晉・葛洪《抱朴子・守𡑒》

君子欲正其末，必端其本，欲輟其流，則遏其源，故道德之功建而奢靡之門閉矣。末：樹梢，指非根本的事物。本：草木的根或莖幹，指事物的根源或根基。輟：停止。

晉・葛洪《抱朴子・守𡑒》

二人分財，取少爲廉

晉・葛洪《抱朴子・守𡑒》

陳平以無金免危，廣漢以好利喪身，牛缺以載寶灰靡，匹夫枉死懷璧，豐狐召災於美皮。

陳平：漢初陽武（今河南原陽東南）人。少時家貧，好黄老之術，後任丞相。牛缺：戰國秦大儒，以輕視財物而留名。廣漢：西漢樂侯。懷璧：懷藏美玉。

晉・葛洪《抱朴子・安貧》

體不忍廣仁，無臧否之明，則心惑僞真，神亂朱紫，差等不分，邪正不識，不逮安危，則一身之不保。

臧否（ㄗㄤ ㄆㄧˇ）：猶言好壞得失。朱紫：比喻以邪亂正或真偽混淆。逮（ㄉㄞˋ）：及、到。

晉・葛洪《抱朴子・仁明》

謗讟不可以巧言弭，實恨不可以虛事釋，釋之非其道，弭之不由理，猶懷冰以遣冷，重爐以卻暑，逐光以逃影，穿舟以止漏矣。

晉・葛洪《抱朴子・博喻》

謗讟（ㄉㄨˊ）：誹謗、怨言。弭（ㄇㄧˇ）：消除。釋：解脫。

芳藻春耀，不能離柯以久鮮，吞舟之魚，不能捨水而攝生。是以名美而實不副者，必無沒世之風，位高而器不稱者，不免致寇之敗。

晉・葛洪《抱朴子・博喻》

柯：枝幹。沒世之風：終身的作風。器：才能。致寇之敗：猶言招來盜匪。

身與名難兩濟，功與神鮮並全，支離其德者，苦而必安，用以適世者，樂而多危。

晉・葛洪《抱朴子・博喻》

鮮：少。支離：分散。適世：適應世俗。

徇身者不以名汩私，修生者不以物累己。

晉・葛洪《抱朴子・博喻》

汩（ㄍㄨˇ）：擾亂。

根朽者，尋木不能保其千里之茂也，民怨者，堯舜不能恃其長世之慶也。

晉・葛洪《抱朴子・廣譬》

尋木：尋，長。指高大的樹。

禍莫大於無足，福莫厚乎知止。抱盈居沖者，必全之算也，宴安盛滿者，難保之危也。

晉・葛洪《抱朴子・知止》

無足：沒有滿足。知止：懂得禁止。抱盈居沖：即《老子》「大盈若沖」

知足者常足，不知足者無足也。常足者福之所赴也，無足者禍之所鐘也。

晉・葛洪《抱朴子・知止》

策奔而不止者，鮮不傾墜，凌波而無休者，希不沈溺。

晉・葛洪《抱朴子・知止》

策奔：拼命奔跑，策，鞭打。希：稀少。

身名並全者甚希，而折足覆餗者不乏也。

餗（ㄙㄨˋ）：鼎中的食品。

晉・葛洪《抱朴子・知止》

道家行住坐臥，如一羽空中，隨機逐緣，用不著一毫芥蒂。受人禮拜，不以為榮，受人罵毆，不以為辱。膏粱在前，無貪得之念，糟糠在御，無厭苦之心。逢著軒冕，只是平常禮數，看那乞丐，猶如自己六親。

芥蒂：細小的梗塞物，比喻積在心裡的怨恨和不快。膏粱：精美的食品。御（ㄩˋ）：用。軒冕：古時卿大夫的車服。

《唱道真言》

貪財好色之徒，往往迷而不悟。

《性命圭旨》

可謂道高龍虎伏，堪言德重鬼神欽。

《性命圭旨》

浮名浮利總虛華，世間惟有修真好。

《金丹大成集》

負賢忘恩，必有禍應，輕財毀物，自無福生。

唐・施肩吾《西山群仙會真記》

修內則閉精養氣，安魂清神。形神俱妙，與天地齊年，練神合道，超凡入聖也。驗外則救貧濟苦，慈物利人，孝於家，忠於國，順乎上，憫乎下，害不就利，忙不求閑，凡以方便為心，勿以人我介意，方始奉道，多遇至人，自得真法。及夫下功之後，少有患難，速得圓成，然是修養所致，亦是陰德報之，苟不達養壽之宜，安得內外齊成乎？

唐·施肩吾《西山群仙會真記》

學問境界

智慧無窮極，此乃爲虛無也；亦從學而知之，非有素自然也。

自然：本來就是這個樣子。

《太上虛無自然本起經》

如魚在水，始生之初，便習江湖，不假教令。亦如玉質本白，黛色本青，火性本熟，水性本冷，不關習學，理本自然。一切眾生識神亦復如是，稟乎自然，自應道性，無有差異，云何而生種種惡緣。

習：熟悉。假：借助。黛色：青黑色。稟乎：承應。惡緣：惡的因緣。

《真仙要語》

生者必死，有者必無，成者必壞，盛成必衰，少壯必老，向有今無，寒暑推移，恍惚無常，父母兄弟，妻子室家，明友交遊，富貴強盛；豪勢欣樂，未盈幾時；豁然分散，死亡別絕，老病衰耗，諍訟忿恨，失心喪志。諸如此者，憂惱萬端，皆爲虛幻，無一真實。

壞：失敗，敗壞。推移：更替。恍惚：模糊不易捉摸，隱約不可辨識。室家：家庭。明友：聖明的朋友。未盈：不會充盈。

《真仙要語》

吳竿質勁，非筈羽而不美；越劍性利，非淬礪而不銛。人性懷慧，非積學而不成，人不涉學，猶心之聾盲，不知遠近。祈明師以放心，性之蔽也。

吳竿：吳地產的竹子。筈（ㄎㄨㄛˋ）羽：筈，箭的末端；羽，箭。越劍：越地出的劍。淬礪：亦作淬厲，磨練兵刃。銛（ㄒㄧㄢ）：鋒利。涉：經歷。祈：求禱。放心：放縱恣肆之心。蔽：陰暗。

《七部語要》

若握一世之法以傳百世之人，猶以一衣擬寒暑，一藥治瘵瘕也。

握：執持。瘵瘕（ㄓㄞˋ ㄐㄧㄚˇ）：毛病。

《七部語要》

言以譯理，理為言本，名以訂實，實為名源；有理無言，則理不可明，有實無名，則實不可辯。理由言明，而言非理也；實由名辯，而名非實也。故明者論言以尋理，不遺理而著言；執名以責實，不棄實而存名。是乃言理兼通，名實俱正。

譯：闡釋。明者：聖明的人。執：把握。責：責求。是乃：這才是。

爲善者自賞，造惡者自刑。故不爭無不勝，不言無不應者也。

《七部語要》

輕天下即神無累，細萬物即心不惑，齊死生即意不懾，同變化即明不眩。夫至人倚不立之柱，行無關之途，稟不端之府，學不死之師，無往而不遂。

《七部語要》

輕：輕視。神無累：「神」不會有牽累。細：不重要、藐小。齊：同，與道同生死。同：順應。至人：指思想道德等某方面達到最高境界的人。

《七部名數要記・守仁第四》

夫仁者必有勇，勇者不必有仁；智者能愚，愚者不必能智。故聖人時通則見其巧而建其功，時否則見其拙而昧其跡。

宋・高似、孫子略《陰符天機經》

仁：有愛心的人。智：聰明。聖人：道行智能極高的人。見：呈現。時通：時運通。時否：時運不通。

跂者不立，矜者不長，強梁者死，滿溢者亡。飄風驟雨不終日，小谷不能須臾盈。

跂（ㄑㄧˋ）：通「企」，踮起腳尖。矜：自以為賢能。強梁：有力量的人。小谷：谷，兩山之間的夾道，或流水道。小谷，小的山谷。須臾：片刻。

《七部名數要記・守盈第八》

夫物盛即衰，日中則移，月滿則虧，樂終而悲。是故聰明俊智守以愚，多聞博辯守以儉，武勇驍力守以畏，貴富廣大守以狹，德施天下守以讓。

日中：中午。守以愚：安心於愚，意謂大智若愚。

《七部名數要記・守盈第八》

學道人要有終始，不可半道而廢，與他人作笑端。況身是讀書兒，豈不知凡人立身，須著一般事業，況為道者，正是男子立身大事。

笑端：笑柄。身（ㄕㄣ）：孕育。著：執著。

王頤中《丹陽真人語錄》

觀乎天文，以察時變；觀乎人文，以化成天下。

化：教化。

《周易・賁》

時止則止，時行則行，動靜不失其時。

時：時運。失：錯過。

《周易．艮》

千金之珠，必在九重之淵而驪龍頷下。

九重：形容極深。驪龍：黑龍。頷（ㄏㄢˋ）：下巴。

《莊子．列御寇》

凡探明珠，不於合浦之淵，不得驪龍之夜光也。

探：尋求。於：往、到。合浦：今廣東新興、開平，廣西容縣、橫縣一帶，古時著名產珠地。夜光：指夜光珠，亦泛指珍貴的珍珠。

晉．葛洪《抱朴子．袪惑》

學之廣在於不倦，不倦在於固志。

固：堅定。

晉．葛洪《抱朴子．崇教》

愛民治國，能無知乎？

知：通「智」。

《老子》十章

知不知，上；不知知，病。

意謂知道像不知道，最好；不知裝著知道，不好。

《老子》七十一章

不出戶，知天下；不窺牖，見天道。其出彌遠，其知彌少。是以聖人不行而知，不見而名，無爲而成。

戶：大門。牖（ㄧㄡˇ）：窗子。彌：更加。是以：因此。行：指實踐。名：通「明」，明了。

《老子》四十七章

吾生也有涯，而知也無涯。

生：生命。涯：邊際，極限。知：知識。

《莊子・養生主》

大知閑閑，小知閒閒；大言炎炎，小言詹詹。

知：通「智」。閑閑：廣博之貌。閒閒：精細的樣子。炎炎：氣焰盛人，詹詹：言辯不休。整句意謂大知廣博，小知精細，大言氣焰盛人，小言則論辯不休。

《莊子・齊物論》

德蕩乎名，知出乎爭。

蕩：失。名：名利。爭：爭勝。

《莊子・人間世》

知其愚者非大愚也，知其惑者非大惑也；大惑者終不解，大愚者終身不靈。

《莊子・天地》

巧者勞而知者憂，無能者無所求。

無能者：指沒有智巧的人。

《莊子・列御寇》

非梧桐不止，非練實不食，非醴泉不飲。

練實：竹子的果實。醴泉：泉甘如醴，醴，甜酒，形容天然泉水的甜美。

《莊子・秋水》

大道以多歧亡羊，學者以多方喪生。

歧（ㄑㄧˊ）：岔路。亡：丟失。方：方術。

《列子・說符》

渾沌之原，無皎澄之流；毫厘之根，無連抱之枝。

渾沌：渾濁不清。原：水源。皎澄：清潔明澈。毫厘：形容極細。連抱：兩臂合抱，形容粗壯。

晉・葛洪《抱朴子・廣譬》

小疵不足以損大器。

疵（ㄘ）：小毛病。

晉・葛洪《抱朴子・廣譬》

寸裂之錦黻，未若堅完之韋布。

錦黻（ㄈㄨˊ）：錦繡的禮服。未若：不如。韋布：韋帶布衣，指粗陋之服。

晉・葛洪《抱朴子・廣譬》

既雕既琢，復歸於樸。

樸：樸素純真。

《莊子・山木》

天下皆知美之爲美，斯惡已；皆知美之爲善，斯不善已；故有無相生，難易相成，長短相形，高下相傾，音聲相和，前後相隨。是以聖人處無爲之事，行不言之教，萬物作焉而不辭，生而不有，爲而不恃，功成而弗居。

惡：醜，與美相對。形：對照，區別。相傾：相傾仄以比較。音聲：古時將簡單的發音叫「聲」，但合成音樂節奏的叫「音」。辭：不辭謝，指不加干涉。不有：不加占有。恃：恃望。居：居功。

《老子》二章

知其雄，守其雌，爲天下溪。爲天下溪，常德不離，復歸於嬰兒。知其榮，守其辱，爲天下谷。爲天下谷，常德乃足，復歸於樸。

意謂懂得雄飛的道理，卻安於雌伏，則天下歸心如水流入深溪。水流深溪，便與「常德」不分離，如純樸的嬰兒。懂得什麼是尊貴，卻安於卑下的地位，則天下投奔如水流入山谷，水流入山谷，「常德」便夠了，回歸自然的質樸。

《老子》二十八章

爲學日益，爲道日損，損之又損，以至於無爲，無爲而無不爲。

意謂研究學問，知識天天增加，研究道，慾望天天減少，減少再減少，達到「無為」，無為才能無不為。

《老子》四十八章

知不知上，不知知病。夫唯病病，是以不病，聖人不病，以其病病，是以不病。

意謂知道猶如不知道，最好，不知道裝作知道，有病。正因為厭惡這種不知以為知的毛病，所以就沒有毛病。聖人沒有這個毛病，因為他厭惡不知以為知，所以就沒有這個毛病。

《老子》七十一章

爲人使易以僞，爲天使難以僞。聞以有翼飛者矣，未聞以無翼飛者也；聞以有知知者矣，未以無知知者也。

意謂被情慾所驅使容易造偽，順其自然而行就難以造偽，只聽說過有翅膀才能飛，沒有聽說過沒有翅膀而能飛的，只聽說過用心智去求得知識，沒有聽說過不用心智而可求得知識的。

《莊子．人間世》

人含其明，則天下不鑠矣，人含甚聰，則天下不累矣，人含其知，則天下不惑矣，人含其德，則天下不僻矣。

含：內藏。不鑠（ㄕㄜˋ）：不炫耀。累：猶言憂患。僻：邪僻。

《莊子．胠篋》

不刻意而高，無仁義而修，無功名而治，無江海而閑，不導引而壽，無不忘也，無不有也，澹然無極而眾美從之，此天地之道，聖人之德也。

意謂不雕礪心志而高尚，不講仁義而修身，不求功名而治世，不處江海而閑遊，不事導引而高壽，無所不忘，無所不有，恬淡無極而眾美會聚，這是天地的大道，聖人的成德。

《莊子・刻意》

古之行身者，不以辯飾知，不以知窮天下，不以知窮德，危然處其所而反其性已，又何爲哉！道固不小行，德固不小識。小識傷德，小行傷道。故曰，正己而已矣。

意謂古時候保全身命的，不用辯說來文飾智慧，不用機智來困累天下，不用心智來困擾德性，獨立自處而返回自然的本性，還有什麼可做的呢？道本來是不需要（仁義禮智的）小行，德本來是不需要（是非分明的）小識。小識損傷了德，小行損傷了天道。所以說，自己行得正就行了。

《莊子・繕性》

水之於汋也，無爲而才自然矣。至人之於德也，不修而物不能離焉，若天之自高，地之自厚，日月之自明，夫何修焉。

意謂水的湧流，無為而自然，至人的德不需要修飾而萬物自然受影響，就像天自然的高，地自然的厚，日月自然的光明，哪裡需要修飾呢。

《莊子．田子方》

不知深矣，知之淺矣，弗知內矣，知之外矣。

意謂不知道的是深奧，知道的是淺薄，不知道的是內行，知道的是外行。

《莊子．知北遊》

人之於知也少，雖少，恃其所不知而後知天下所謂也。

意謂人所知甚少，雖然少，還要依靠所不知的而後才能知道天道的自然。

《莊子．徐無鬼》

尊古而薄今，學者之流也。

《莊子．外物》

天行健，君子以自強不息。

意謂天體運行，周而復始，剛健有力，君子應效法天，強制自己，努力不懈。

《周易．乾》

君子以致命遂志。

致命遂志：猶言犧牲生命，實現理想。

《周易．困》

心之愚拙者，妄援聖人之愚拙自解，殊不知，聖人時愚時明，時巧時拙。

意謂內心愚蠢笨拙的人，胡亂地拿聖人的愚蠢笨拙來自慰，但不知，聖人是有時愚蠢有時明白，有時靈巧有時笨拙。

《關伊子》

藐然不喜流俗之譽，坦爾不懼雷同之毀；不以外物汩其至精，不以利害污其純粹。

藐然：藐視的樣子。坦爾：坦然。汩（ㄍㄨˇ）：擾亂。污：玷污。

晉．葛洪《抱朴子．暢玄》

博識者觸物能名，洽聞者理無所惑。

洽聞：多聞博識。

晉．葛洪《抱朴子．對俗》

微妙難識，疑惑者眾，吾聰明豈能過人哉。適偶有所偏解，鶴知夜半，燕知戊己，而未必達於他事也。

意謂微妙的道是難以識別的，疑惑不清的人多。我的聰明怎會超過別人呢？假如偶爾有些片面的見解，也不過像鶴只懂得在半夜鳴叫，燕子在戊己月築巢，而並不能通達別的事。

晉．葛洪《抱朴子．至理》

淺近庸人，雖有志好，不能克終也。

克終：守終。

晉．葛洪《抱朴子．地真》

銳志於雛鼠者，不失騶虞之用，必勝務於庭粒者，安知鴛鸞之遠指，猶焦螟之笑雲鵬，朝菌之怪大椿，坎蛙之疑海鼇，蛇之嗤應龍也。

銳志：抱定的志向。騶（ㄗㄡ）虞：一說是獸名，一說是給天子掌管鳥獸的官。庭粒：指在庭院中啄食的麻雀。焦螟：古代傳說中一種極小的蟲。雲鵬：大鵬。朝菌：朝生暮死的蟲。大椿：長壽的樹。

晉．葛洪《抱朴子．逸民》

仲尼親受業於老子，而不能修其無爲；子貢與原憲同門，而不能模其清苦；四凶與巢由同時，王莽與二龔共世，而不能效也。

仲尼：孔子。受業：謂從師學習。

晉・葛洪《抱朴子・逸民》

步仞之丘，巨獸無所隱其軀。

步仞：步、仞均為長度單位，周代八尺為步，秦代六尺為步，周代八尺為仞，漢代七尺為仞。這裡喻指矮小。

《亢倉子・全道》

要做真學問，心要見真心，性要見真性，神要見真神，精要見真精，氣要見真氣。

《唱道真言》

患立志之不堅，無患境之不堪也；既有真志，則何境不可處，雖在刀山劍樹鐵床火坑，亦可立地成仙作佛，況黃齏淡飯，啜粥飲水，貧士之常乎。

黃齏（ㄐㄧ）：指差的菜。齏，切碎的腌菜。

《唱道真言》

男子以天地爲廬，湖海爲襟，雲踪縹緲，何所不之，奚必拘拘一處哉。

廬：小屋的統稱，意謂以天地為家。之：到。奚：為什麼。

《唱道真言》

得道之士，到處俱是亨衢，逢山便爲宅舍。老子駕青牛而西去，達摩捨天竺而東來，放腳出門，自是大路，妻子何足爲累，隨身本事，便是行糧，何足以爲患哉。

亨衢：亨，通達順利，衢，四通八達的道路。老子駕青牛：據《關令傳》：老子度關，關令尹喜，先勑門吏曰：「若有翁從東來，乘青牛薄板者，勿聽過關。」其日，果見老君乘青牛車，求度關。關吏入白，喜諾曰：「我見聖人矣。」即帶印綬出迎，設弟子之禮，達摩捨天竺：達摩，指菩提達摩，相傳為南天竺（印度）人，為傳授佛禪，而來到中國。妻子：老婆孩子。

《唱道真言》

舒竹帛而考古今，則天地無藏其情矣，況於鬼神乎？而況於人事乎？泥途可令齊堅乎金玉，曲木可改之以應繩墨，百獸可教之以戰陳，六畜可習之以進退，沈鱗可動之於聲音，機石可感之以精誠。

舒竹帛：展開竹簡和白絹，指寫書做學問。戰陳：陳，陣，戰陣。沈鱗：沈同「沉」，指魚。

晉・葛洪《抱朴子・勗學》

夫不學而求知，猶願魚而無網焉，心雖勤而無獲焉；廣博以窮理，猶順風而托焉，體不勞而致遠焉。

晉・葛洪《抱朴子・勗學》

不飽食以終日，不棄功於寸陰。

晉・葛洪《抱朴子・勗學》

進德修業，溫故知新。

晉・葛洪《抱朴子・勗學》

才性有優劣，思理有修短。或有夙知而早成，或有提耳而後喻。夫速悟時習者，驥騄之足也，遲解晚覺者，鶉鵲之翼也。

修短：知短。夙知：早知。提耳：提撕其耳，形容當面懇切訓導。喻：明白。驥騄：駿馬。鶉（ㄔㄨㄣˊ）鵲：泛指小鳥。

晉・葛洪《抱朴子・勗學》

修學務早，及其精專習與性成，不異自然。

晉・葛洪《抱朴子・勗學》

澄視於秋毫者，不見天文之煥炳；耽心於細務者，不覺儒道之弘遠；玩鮑者忘茝蕙，迷大者不能反。夫受繩墨者無枉剟之木，染道訓者無邪僻之人。飾治之術，莫良乎學，學之廣在於不倦，不倦在於固志，志苟不固，則貧賤者汲汲於營生，富貴者沈淪於逸樂。

澄視：明視。煥炳：鮮明明亮。耽心：猶言專心。細務：細小的事情。玩鮑者：喜歡鹹魚的人。茝蕙：香草。枉刳（ㄎㄨ）：枉，彎曲；刳，剖挖。飾治：整治、治理。苟：如果。

晉．葛洪《抱朴子．崇教》

豐草不秀瘠土，巨魚不生小水，格言不吐庸人之口，高文不墮頑夫之筆。

格言：可為法式的言簡意賅的語句。高文：高尚的文章。

晉．葛洪《抱朴子．審舉》

華章藻蔚，非蒙瞍所玩；英逸之才，非淺短所識。

華章藻蔚：指華美的詩文、詞藻。蒙瞍：睜眼瞎子。

晉．葛洪《抱朴子．擢才》

智大量遠者，盤桓以山峙；器小志近者，蓬飛而萍浮。

量：氣量。蓬飛萍浮：飛於草上，浮於青萍。

晉．葛洪《抱朴子．名實》

識遠者貴本，見近者務末。

晉．葛洪《抱朴子．博喻》

浚井不渫，則泥濘滋積，嘉穀不耘，則荑莠彌漫，學而不思，則疑閡實繁，講而不精，則長惑喪功。

浚（ㄐㄩㄣˋ）：深。渫（ㄒㄧㄝˋ）：淘去污泥。荑莠：荑，一種似稗子的草；莠，狗尾草。疑閡實繁：猶言疑問和阻礙頗多。

晉．葛洪《抱朴子．博喻》

志得則顏怡，意失則容戚，本巧則末枯，源淺則流竭。

顏怡：面容和悅。容戚：容顏憂愁。

晉．葛洪《抱朴子．博喻》

瓊珉山積，不能無挾瑕之器，鄧林千里，不能無偏枯之木，論珍則不可以細疵棄其美，語大則不可以少累廢其多。

晉．葛洪《抱朴子．博喻》

立德踐言，行全操清，斯則富矣，何必玉帛之崇乎？高尚其志，不降不辱，斯則貴矣，何必青紫之兼乎？

踐言：履行自己所說的話。崇：崇尚、看重。不降不辱：不貶抑不辜負。青紫：古時公卿服飾，借指高官顯爵。

晉・葛洪《抱朴子・廣譬》

熊羆不校棲於狐狸，金鶚不競擊於小鷂。

熊羆（ㄆㄧˊ）：熊和羆，羆是熊的一種。鶚（ㄜˋ）：一種鳥，亦稱「魚鷹」。鷂（ㄧㄠˋ）：鳥名。

晉・葛洪《抱朴子・廣譬》

文章之體，尤難詳賞，苟以入耳爲佳，適心爲快。

晉・葛洪《抱朴子・廣譬》

古詩刺過失，故有益而貴，今詩純虛譽，故有損而賤也。

晉・葛洪《抱朴子・廣譬》

立言者貴於助教，而不以偶俗集譽爲高，若徒阿順諂諛，虛美隱惡，豈所匡失弼違，醒迷補過者乎。

助教：有助於道德教化。偶俗集譽：與流俗為偶，會集過譽的言詞。匡失弼違：糾正過失。

晉・葛洪《抱朴子・應嘲》

尺水之中，無吞舟之鱗，寸枝之上，無垂天之翼。
晉・葛洪《抱朴子・喻蔽》

雲厚者雨必猛，弓勁者箭必遠。
晉・葛洪《抱朴子・喻蔽》

德行者本也，文章者末也。
晉・葛洪《抱朴子・文行》

空自傲慢，至老無成。
《紫清指玄集》

學而無志謂之愚，不學不知謂之蒙。
蒙：蒙昧。
《太清中黃真經》

古今賢聖，雖有兼人之智，普照之明，未嘗不先求於人，謂務學而不如務求師。師，人之模範也。
兼人：勝過人。
唐・施肩吾《西山群仙會真記》

第三章

養性篇

1 養性保身

2 養氣存神固心

3 祛病長壽生死

養性保身

養性之方：唾不至遠，行不疾步，耳不極聽，目不極視，坐不至疲，臥不至懻。先寒而衣，先熱而解。不欲極饑而食，不欲極渴而飲。食不過多，凡食過多，即結積聚，飲過多，則成痰癖。不欲甚勞，不欲甚逸，不欲甚流汗，不欲多唾，不欲奔車走馬，不欲極目遠望，不欲多吃生冷，不欲飲酒當風臥。不欲數沐浴。不欲廣志遠求，不欲規造異巧。冬不欲極溫，夏不欲極涼，不欲露星下，不欲臥中見扇，不寒大熱大風大露，皆不欲冒之。五味不欲偏多，故酸多則傷脾，苦多則傷肺，辛多則傷肝，鹹多則傷心，甜多則傷腎。此五行自然之理。

《雲笈七簽．禁忌篇》

極視：極力地看。至疲：極度疲勞。懻（ㄐㄧˋ）：強、直。先寒：在寒冷之前。五味：甜、酸、苦、辣、鹹五種味道。

一日之忌，夜莫飽食；

一月之忌，暮莫大醉；

一歲之忌，暮莫遠行；

終身之忌，臥莫然燭行房。　《道藏・禁忌篇》

然：通「燃」。行房：過性生活。

凡人年四十已下，不宜全食補丸散，爲陰氣尙未足，陽氣尙盛之故也。特宜愼之。　《雲笈七籤・禁忌篇》

凡人之哀人，不如哀身，哀身不如愛神，愛神不如捨神，捨神不如守身，守身長久長存也。故神生於形，形成於神，形不得神，不能自生，神不得形，不能自成。形神合同，更相生，更相成。　《至言總養生篇》

哀：憐。合同：相融同一。

雖常服餌而不知養性之術，亦難以長生也。養性之道，不欲飽食便臥，及終日久坐，皆損壽也。人欲少勞，但莫大疲，及強所不堪耳。人食畢，行步躊躇，有所循，爲快也。故流水不腐，戶樞不蠹，其勞動故也。　《至言總養生篇》

流水不腐，戶樞（ㄕㄨ）不蠹（ㄉㄨˋ）：流動的水不會臭，經常轉動的門軸不會被蟲蛀；腐，臭；戶樞：門的轉軸；蠹：蟲柱。

善養生者，呼不出聲，行不揚塵。

明・陳繼儒　仲醇《養生膚語》

才所不勝而強思之，傷也；力所不任而強舉之，傷也；深慮重喜皆有傷也。

宋・姚稱《攝生月令》

重喜：過分的喜悅。

井不汲不溢，精不用不盈，何以？以水由地中，汲者益之；精充身中，損則充之，本非有溢而盈也。世人不解斯理，謂汲井不見其損，不知汲頻則地元竭；用精不見其耗，不知用頻則真元疲。是以明於汲井之理者，井養而不窮，明於用精之道者，神用而不竭。

明・陳繼儒　仲醇《養生膚語》

汲：從井裡取水。溢：滿。何以：什麼原因。損：減少。斯理：這個道理。頻：頻繁。

夏季心旺腎衰，雖大熱，不宜吃冷淘冰雪，蜜冰涼粉，冷粥飽腹，受寒必起霍亂。

洵：涼麵一類的食品。蜜冰：甜美的冰水。

元·邱處機《攝生消息論》

春三月此謂發陳，天地俱生，萬物以榮，夜臥早起，廣步於庭，被髮緩行，以使志生，生而勿殺，與而勿奪，賞而勿罰，此養氣之應，養生之道也。

發陳：發散陳氣。生：顯露生機。被：披。與：給予。應：適合。

元·邱處機《攝生消息論》

聚精之道，一曰寡慾，二曰節勞，三曰息怒，四曰戒酒，五曰慎味。

慎味：指對五味要慎重。

明·黃坤儀《攝生三要》

道家宗旨：以空洞無涯爲元竅，以知而不守爲法則，以一念不起爲功夫。

知而不守：知道而不固守。

明·黃坤儀《攝生三要》

夫養性之道，勿久坐久視久聽，不強食，不強飲，亦不可憂思愁哀。饑乃食，渴乃飲，食止，行數百步，大益人。夜勿食，若食，即行，約五里，無病損。

唐·孫思邈《攝養枕中方·自慎》

厚味傷人無所知，能甘淡薄是吾師，
三千功行從茲始，天鑒行藏信有之。

明．謙啟敬《修齡要指》

厚味：五味過重。三千功行：謂功德多。天鑒行藏：天鑒，指上天的垂臨照鑒；行藏，猶形藏，指身形腑臟。

五欲者，謂耳欲聲，便迷塞不能止；目欲色，便淫亂發狂；鼻欲香，便散其精神；口欲味，便受罪入網羅；心欲愛憎，便偏邪失正平。凡此五欲，爲惑亂覆蓋。

六情者，謂形識知痛癢，欲得細滑；耳聞聲，心樂之；目見色，心欲之；鼻聞香，心逐臭；口得味，心便喜；身得細滑衣被，心便利之；得所愛，心便悅之。坐此六情以喪，故復名六情喪人。

坐此：只此。復名：又稱之為。

《太上虛無自然本起經》

不曉知其本，強欲自斷情慾，終不能斷絕之，譬如斷樹木，使不生，當掘出其根本，根本已出，便不復生。痴人不曉之，而但齊地斫之，其根續生如故。人不曉情慾之本，而強斷絕其末，如此情慾絕不斷也。

根本：指樹根。但：只。斫（ㄓㄨㄛˊ）：大鋤，猶言砍斬。

《太上虛無自然本起經》

精不足者補之以味，然醴都之味，不能生精，惟恬淡之味，乃能補精耳。蓋萬物皆有其味，調和勝而真味衰矣，不論腥素，淡煮之得法，自有一段沖和恬憺之氣，益人腸胃。

精：這裡指清液。味：菜肴。醴（ㄌㄧˇ）都：猶言酒。腥素：葷菜，素菜。

明．黃坤儀《攝生三要》

人之情性，爲利欲所敗，如冰雪之曝日，草木之沾霜，皆不移時而消壞也。冰雪以不消爲體，而盛暑移其真；草木以不雕爲質，而大寒奪其性。人有久視之命，而嗜慾滅其壽，若能導引盡理，則長生罔極。

罔極：沒有盡頭。

《諸真語錄》

情出於性而情違性，慾由於情而慾害情，情之傷性，性之妨情，猶烟冰之於水火也。烟生於火而烟郁火，冰生於水而遏水，故烟微而火盛，冰泮而水通，性貞則情銷，情熾則性滅。夫明者，剗情以遣累，約慾以守貞。

郁火：使水熄滅。遏（ㄜˋ）：阻止。泮（ㄆㄢˋ）：融解。貞：堅貞。剗（ㄎㄨ）情：剗，清除，清除情慾。遣累：排遣煩勞。約慾：約束情慾。

《七部語要》

順物者，物亦順之，逆物者，物亦逆之。不失物之性情，乃自然性情之道者也。理好憎之情，則愛弗近也；和喜怒之性，則怨弗犯也。

順物：順應萬物。理：理順。弗：不。和：調和。

《七部語要》

靜寞者神明之宅，虛無者道之所居也。

《七部名數要記》

天地之道，至洞且大，尙猶節其章光，愛其神明。人之耳目，何能久勞而不息，人之精神，何能馳騁而不乏。

洞：深。章光：章明光耀。馳騁（ㄔˊ ㄔㄥˇ）：縱馬疾馳，猶言奔競。

《七部名數要記》

罵詈無常，嗔喜失節，性乖不恆，氣激神散，內真飛揚，魄離魂遊，九孔塵埃，五腑奔喪，皆由性之不純，行之不詳。

詈（ㄌㄧˋ）：罵。失節：失去節制。內真：內心本真。九孔：即九竅，眼耳口鼻上陽七竅，及下前後陰二漏。五腑：即身中心肝脾肺腎。詳：善。

《七部名數要記．七傷》

酒爲亂性之漿，肉是斷命之物，直須不吃爲上。酒肉犯之猶可恕，若犯於色，則罪不容於誅矣，何故？蓋色者甚於狼虎，敗人美行，損人善事，亡精滅神，至於殞軀。故爲道人之大孽也。

直須：只須。殞（ㄩㄣˇ）軀：猶指死亡。

王頤中《丹陽真人語錄》

凡事心當有備則無患，故爲道者，於少壯之時，防其情慾，早爲之備，則神仙可冀。若素髮垂領，志氣衰憊，始欲學道，譬若大寒而後索衣裘，不亦晚乎？

可冀：可期望。素髮：白髮。

王頤中《丹陽真人語錄》

欲淨其土，當淨其心，若心清淨，輪廻自息。

輪廻：謂循環不息之意；道家以為世界衆生，從來皆在輪廻六道之中，如車輪旋轉不已，惟有得道者，方能超出輪廻，而生天界。

王頤中《丹陽真人語錄》

十二時辰常要淸靜，靈台無物爲之淸，一念不起爲之靜。

靈台：指心。

《太上老君內日用妙經》

毋荒於寢，毋醉於醇，收束肢體，口謁明神，跛踦不作，規矩長親。

醇（ㄔㄨㄣˊ）：酒質厚，這裏指酒。

《太上無極混元一炁度人妙經》

其耆欲深者，其天機淺。

耆：嗜欲，特別深的嗜好。天機：天然的本能。

《莊子・大宗師》

人之所取畏者，衽席之上，飲食之間，而不知爲之戒者，過也。

所取畏者：所應當畏懼的事。衽（ㄖㄣˋ）席：床席，衽席之上，指色慾之事。戒：戒備。過：錯。

《莊子・達生》

五色令人目盲，五音令人耳聾，五味令人口爽，馳騁田獵令人心發狂，難得之貨令人行妨。是以聖人爲腹，不爲目。

《老子》十二章

五色：青黃赤白黑，此處泛指顏色。五音：宮商角徵羽，泛指聲音。爽：亡，猶言口味失亡，食之無味。妨：傷害，傷身敗行。為腹：腹守五性，去六情，養神明。目：指目不妄視，妄視泄精於外。

恬淡寂寞虛無無爲，此天地之本而道德之質也。故聖人休焉，休則平易矣，平易則恬淡矣。平易恬淡，則憂患不能入，邪氣不能襲，故其德全而神不虧。

《莊子·刻意》

質：猶言極致。休焉：息心於此。

形勞而不休則弊，精用而不已則竭。

《莊子·刻意》

形勞：形體辛勞。弊：疲困。已：止，停。

君子以愼言語，節飲食。

《周易·頤》

君子以懲忿窒慾。

懲忿窒慾：消除憤怒振殺慾望。《周易．損》

樂則奢餘，靜則貞廉；性餘則神濁，性廉則神淸。神者智之泉，神淸則智明；智者心之府，智公則心平，人莫鑒於流水，而鑒於澄水，以其淸且平。神淸意平，乃能形物之情。夫聖人者，不淫於至樂，不安於至靜，能棲神靜樂之間，謂之守中。

奢餘：即奢侈多。鑒：照鏡。形物之情：體會萬物的性情。《黃帝陰符經》

才所不逮，而困思之傷也，力所不勝，而強舉之傷也，悲哀憔悴傷也，喜樂過差傷也，汲汲所欲傷也，久談言笑傷也，寢息失時傷也，挽弓引弩傷也，沈醉嘔吐傷也，飽食即臥傷也，跳走喘乏傷也，歡呼哭泣傷也，陰陽不交傷也。積傷至盡則早亡。

才所不逮：猶言才能不夠。困思：困苦思慮。晉．葛洪《抱朴子．極言》

善養生者，臥起有四時之早晚，興居有至和之常制，調利筋骨，有偃仰之方，杜疾閑邪，有吞吐之術，流行榮衛，有補瀉之法，節宣勞逸，有與奪之要，忍怒以全陰氣，抑喜以養陽氣。

常制：固定的制度。偃仰：猶俯仰。吞吐之術：道家修練內功術，學道者修習呼吸，呼出濁氣，吸入新鮮之氣。榮衛：血氣，血為榮，氣為衛。節宣勞逸：節制宣泄，勤勞逸。

晉．葛洪《抱朴子．極言》

養生之盡理者，既將服神藥，又行氣不懈，朝夕導引，以宣動榮衛，使無輟閡。加之以房中之術，節量飲食，不犯風濕，不患所不能，如此可以不病，但患居人間者，志不得專，所修無恆，又苦懈怠不勤，不得不有疢疾耳。

輟（ㄔㄜˋ）閡：停止、隔閡。疢（ㄓㄣˇ）：疹俗字，病。

晉．葛洪《抱朴子．雜應》

目之所好，不可從也；耳之所樂，不可順也，鼻之所喜，不可任也；口之所嗜，不可隨也；心之所欲，不可恣也。故惑目者必逸容鮮藻也，惑耳者必妍音淫聲也，惑鼻者必茝蕙芬馥也，惑口者必珍羞嘉旨也，惑心者必勢利功名也。

逸容鮮藻：猶言豔麗華彩。茝（ㄔㄞˇ）蕙：香草。珍羞嘉旨：珍奇食品，佳釀美酒。

晉．葛洪《抱朴子．酒誡》

矰繳紛紜，則鴛雛徊翮，坑阱充蹊，則麟虞斂跡。情不可極，慾不可滿，達人以道制情，以計遣慾。

意謂打鳥的箭多了，鴛雛就不敢飛來，山路陷阱多了，麒麟就會消匿行跡。情不可以到極點，慾不可以滿盈，懂得道理的人用「道」來制約情，用計議來排遣慾念。

晉·葛洪《抱朴子·知止》

一間好屋，主人不肯安心靜坐，只管向外逐馳，花街柳巷，目蕩心怡，暫返欲出，一出忘返。屋無人住，必至傾圮。故煉性之學，先要留住主人，無心向外，煉形之學，是主人修理房子。

圮（ㄆㄧˇ）：坍塌。

《唱道真言》

學道之士，閉口則息，開口則笑，和樂之極，動與天俱。日日在春風之中，時時在明月之下。

《唱道真言》

絕意榮華，甘心窮餓，惟斯道之是求，可謂有志者也。

《唱道真言》

修真之士，預當培養靈元，扶植善本，言不輕發，目不邪視，耳不亂聽，事不妄爲，凝道於身，自問可以對真而無悔。　《唱道真言》

預當：猶言應當。靈元：心。善本：指修真之根基。

人發一善念，如一縷微烟，發一惡念，如萬重山嶺。然則善之成也何其難，惡之積也何其易。是以明道之士，務使善端充長，以至有善而無惡，又何仙之不可成哉？　《唱道真言》

藏心於心而不見，藏神於神而不出，故能三際圓通，萬緣澄寂，六根淸靜。　《紫清指玄集》

三際：天地人。萬緣：萬念。

瞬目不見，側耳不聞，其本也冥，其化也形，其爲也聖，其用也靈，可謂大道之真精。　《性命圭旨》

妄念才興神即遷，神遷六賊亂心田，
心田既亂身無主，六道輪迴在目前。　《性命圭旨》

覺寤時切不可妄想則心便虛明，紛擾中亦只如處常則事自順遂。《性命圭旨》

心中無物爲虛，念頭不起爲靜。《性命圭旨》

以智慧劍破煩惱賊，以智慧刀裂煩惱網，以智慧火燒煩惱薪。

薪：柴。《性命圭旨》

內養形神除嗜慾，專修靜定身如玉。《太清中黃真經》

少私寡慾者可以養心；

絕念忘機者可以養神；

飲食有節者可以養形；

務逸有度者可以養亂；

入清出濁者可以養氣；

絕淫戒色者可以養精。

忘機：即泯除機心，指一種自甘淡泊，寧靜無為的心境。務逸：即勞逸。入清出濁：吸進清氣呼出濁氣，猶指吞吐之術。

唐・施肩吾《西山群仙會真記》

先寒而衣，衣不得頓多，先暖而解，解不得頓少。久勞則安閑以保極力之處，久逸則導引以行稍滯之氣，暑不當風，當風則榮閉而衛結，夏不臥濕，臥濕則氣散而血注，冬不極熱，極熱則腎受虛陽，而春夏肝與心有壅蔽之疾也，夏不極涼，極涼則心抱浮寒，而秋冬肺與腎有沈滯之患也，不可極饑而食，食不過飽，飽則傷神，饑則損胃，不可極渴而飲，飲不過多，多則損氣，渴則傷血。

壅（ㄩㄥ）蔽：阻塞、隔絕。

唐・施肩吾《西山群仙會真記》

古今達士，養以寡慾，務於至誠，真源湛然，靈光自瑩於丹台也，不爲事惑物役，可以超凡入聖。

真源：本源。自瑩：自然明亮；瑩，明亮。丹台：神仙所居。事惑物役：被事物迷惑役使。

唐・施肩吾《西山群仙會真記》

少思少慾少事少語少笑少愁少樂少喜少怒少好少惡，故得靈光不亂，神氣不狂，方可奉道保生。

唐．施肩吾《西山群仙會真記》

多思神殆，多念志散，多慾損氣，多事役形，多語弱氣，多笑損臟，多愁攝血，多樂溢意，多喜則交錯，多怒則百脈不定，多好則昏迷不理，多惡則憔悴無歡，故其源不潔，和氣自耗，不得延年，失於養心之故也。

唐．施肩吾《西山群仙會真記》

養生之道，以不損爲要，延命之術，以有補爲先，居安慮危，而防未萌，不以小惡爲無傷而去，不以小善爲無益而不爲。

唐．施肩吾《西山群仙會真記》

飮酒洞醉，損氣喪靈，五臟攻潰，萬神振驚，魂魄飛散，內外朽零。

《七部名數要記》

洞醉：猶言大醉。朽零：腐朽凋零。

行不知所之，居不知所爲，與物委蛇，而同其波，是衛生之須已。

《莊子．庚桑楚》

意謂行動自由自在，居住無牽無掛，順物自然，同波共流，這就是護養生命的道理。

養氣存神固心

養氣者，行欲徐而穩，立欲定而恭，坐欲端而直，聲欲低而和，種種施爲，須端詳閑泰。當於動中習存，應中習定，使此身常在太和元氣中。

明・黃坤儀《攝生三要・養氣》

徐：緩慢。施為：行為。動中習存：猶言動中有靜。應中習定：猶言順應事物而保持平定。太和元氣：太和，陰陽會合，冲和之氣；道家以人之精氣為元氣。

氣欲柔不欲強，欲順不欲逆，欲定不欲亂，欲聚不欲散。故道家最忌嗔，嗔心一發，則氣強而不柔，逆而不順，亂而不定，散而不聚矣。

明・黃坤儀《攝生三要》

嗔（ㄔㄣ）：怒。

多思氣亂，多言氣散。皆當深戒。

明・黃坤儀《攝生三要》

聚精在於養氣，養氣在於存神。神之於氣猶母之於子也，故神凝則氣聚，神散則氣消。若寶惜精氣，而不知存神，是茹其華而忘其根矣。

明·黃坤儀《攝生三要》

茹：吃

夫人只知養形不知養神，不知愛神，只知愛神，殊不知形者載神之車也，神去即人死，車敗則馬奔。自然之至理也。

《七部語要》

喜怒亂氣，嗜慾傷性。

《七部語要》

愛而弗越，誠使其耳目清明玄達，無所誘慕。氣意虛無和靜，而少嗜慾。

《七部名數要記》

玄達：即通達。

五色亂目，使目不明，五音入耳，使耳不聰；五味亂口，使口厲爽。趨捨滑心，使性飛揚，故嗜慾使人之氣衰殺。

《七部名數要記》

五色：青赤黃白黑為五色。厲爽：猶言傷敗，口不能感覺其味。趨捨滑心：猶指因進退而擾亂了心。

人能常清淨，天地悉皆歸。

王頤中《丹陽真人語錄》

天地：不是指宇宙間的天地，指身中天地。膈上為天，膈下為地，猶言上下冲和，精氣自固。

澄心如澄水，養氣如養兒，氣秀則神靈，神靈則氣變。

王頤中《丹陽真人語錄》

無爲者，不思不慮也。愛慾嗔怒，積畜利害，其間雖有爲而常無爲，雖涉事而常無事。何況無一淸心淨意，養氣全神，飄遊逍遙之地，入於何有之鄉。

王頤中《丹陽真人語錄》

逍遙之地：脫離俗世，優游自得的地方。何有之鄉：即何有鄉；什麼都沒有的地方，即靜寂無為，快樂自得之地。

遣其欲而心自淨，澄其心而神自淸。

《度人經》

用志不分，乃疑於神。

《莊子．達生》

疑：擬、比。意謂用心專一，則與神相似。

哀莫大於心死。

心死：指萬念俱灰。

《莊子．田子方》

塞其兌，閉其門，終身不勤。開其兌，濟其事，終身不救。

兌（ㄉㄨㄟˋ）：目，指目不妄視。門：口，指口不妄言。勤：勤苦。濟：有益，指有益於情慾之事。不救：不可救藥。

《老子》五十二章

人能淡默恬愉，不染不移，養其心以無欲，頤其神以粹素，埽滌誘慕，收之以正；除難求之思，遣害真之累，薄喜怒之邪，滅愛惡之端，則不請福而福來，不禳禍而禍去矣。

不染不移：不熏染不動搖。頤：保養。粹素：猶言純潔。埽（ㄙㄠˇ）滌：清掃滌除。遣：排遣。薄：輕。禳（ㄖㄤˊ）：祭禱消災。

晉．葛洪《抱朴子．道意》

方寸之心，制之在我，不可放之於流遁也。

流遁：猶言放縱自流。

晉．葛洪《抱朴子．嘉遁》

存謂存我之神，想謂想我之身，閉目即見自己之月，收心即見自己之心，心與目皆不離我身，不傷我神則存想之漸也。凡人目終日視他人，故心亦逐外走，終日接他事，故目亦逐外瞻。營營浮光，未嘗復照，奈何不病且夭邪。

《天隱子．存想》

漸：開始。

恬其心則神安，神安則精氣和，神安而精氣和，以至於分之不可分。

《唱道真言》

惡之見於事者易見，惡之匿於心者難修。故好學之士，時時刻刻，只在自己心上勘合。

勘（ㄎㄢ）合：古時調遣軍隊，用符契為憑，上蓋印信，剖為兩半，以一半交奉令調遣的人，另一半交調遣軍隊的主將，二符相併，驗證騎縫印信，叫做「勘合」，這裡有時時檢視、校核之意。

《唱道真言》

修真之士，越是難處之境，越要降心抑氣，怡然順之。

《唱道真言》

煉丹無別法，安其心，和其神，怡其氣，足其精。陰邪爲丹之蝥賊，機巧爲丹之讎人，苟能念念在善，節節在善，則陰邪自消，機巧自滅，心無不安，神無不和，氣無不怡，精無不足，而事事物物，皆先天爲之作用，否則以穢濁之心，攀緣之神，浮露之氣，淫佚之精，而曰我已煉丹也，成乎不成乎？

《唱道真言》

蝥（ㄇㄡ）賊：吃禾苗的兩種害蟲。苟能：如果能。節節：猶言節操。攀緣：心隨外物而轉移。

煉形之妙，在乎凝神，神凝則氣聚，氣聚則丹成，丹成則形固，形固則神全。

《紫清指玄集》

忘形以養氣，忘氣以養神，忘神以養虛。

《紫清指玄集》

至道在心，心即是道，六根內外，一般風光。內物轉移，終有老死。元和默運，可得長生，是故形以心爲靈，心者神之舍，心寧則神靈，心荒則神狂。虛其心而正氣凝，淡其心則陽氣集，血氣不擾，自然流通。志意無爲，萬緣自息。心悲則陰氣凝，心喜則陽氣散，念起則神奔，念住則神逸。

元和：陰陽會和之氣，亦指道士修煉時含氣漱口所生的津液。《紫清指玄集》

心靜則氣正，氣正則氣全，氣全則神和，神和則神凝，神凝則萬寶結矣。《紫清指玄集》

存者有也，亡者無也，存者存我之神，想者想我之身，閉目見自己之目，收心見自己之心。有物則可以存。謂之真存，無物而強存之，謂之妄存。此乃精思存念之妙。《紫清指玄集》

聖賢持戒定慧而虛其心，煉精氣神而保其身，身保則命基永固，心虛則性體常明。《性命圭旨》

性安真土，以誠以默以柔；氣養浩然，勿正勿忘勿助。《性命圭旨》

心是樞機，目爲盜賊，欲伏其心，先攝其目。蓋弩之發動在機，心之緣引在目，機不動則弩住，目不動則心住。《性命圭旨》

一心療萬病，不假藥方多。《性命圭旨》

無事時不教心空，有事時不教心亂。《性命圭旨》

身不動而心自安，心不動而神自守。《性命圭旨》

一念動時皆是火，萬緣寂處即是春。《性命圭旨》

一切常人呼吸皆從咽喉而下，至中脘而回，不能與祖氣相連，如魚飲水，而口進腮出，即莊子所謂眾人之息以喉是也。若是至人呼吸，直貫明堂，而上至夾脊，而流入命門，得與祖氣相連，如磁吸鐵而同類相親，即莊子所謂真人之息以踵是也。《性命圭旨》

中脘：位於腹正中線臍上四寸處。以喉：至喉。明堂：占志其處稱明堂。命門：指兩腎之間的一個部位，為人體生理功能和生命活動的根源。以踵：踵，腳後跟，以，至，猶指呼吸深深。

至心無念，至誠無意，息念雙消，性命合一。

《性命圭旨》

學道者，當取四時正氣納入胎中，是為真種，積久自得心定神定息定。

《性命圭旨》

心氣定則神凝，神凝則心安，心安則氣升，氣升則境忘，境忘則清淨，清淨則無物，無物則命全，命全則道生，道生則絕相，絕相則覺明，覺明則神通。

絕相：猶言虛空外部事物。

《性命圭旨》

已往事，勿追思，未來事，勿迎想，現在事，勿留念。

《性命圭旨》

心動則神不入氣，身動則氣不入神。

前句指默然養心，後句指凝神忘形。

元·陳虛白《規中指南》

身裡有玄機，心中無垢塵。

《悟玄篇》

祛病長壽生死

靜者壽，躁者夭；靜而不能養，減壽；躁而能養，延年。然靜易御，躁難持。盡慎養之宜者，靜亦可養，躁也可養也。

御：駕馭，做得到。盡：猶言完全。

《至言總養生篇》

凡貴權勢者，雖不中邪，精神內傷，身心死亡；始富後貧，雖不傷邪，皮焦筋出，委辟內攣為病。

委辟內攣（ㄌㄩㄢˊ）：困頓邪僻，五內糾結。

《至言總養生篇》

百行周備，雖絕藥餌，足以遐年。德行不充，縱玉酒金丹，未能延壽。

百行周備：各種好的品行都具備。遐年：延年。不充：猶言不夠。

《至言總養生篇》

至人消未起之患，治未病之病，醫之於無事之前，不追之於既逝之後。

至人：這裡指養生達到最高境界的人。未病之病：尚未形成病之前。既逝：已經過去。

《至言總養生篇》

善攝生者，行住坐臥，一意不散，固守丹田，默運神氣，衝透三關，自然生精生氣，則形可以壯，老可以耐矣。

丹田：道家指男子精室，女子子胞宮，內藏精氣。三關：指泥丸為天關，丹田為地關，絳宮為人關，身中三關，精氣尤深。

明．謙啟敬《修齡要指》

卻老扶衰別有方，不須身外覓陰陽，玉關謹守常淵默，氣足神全壽更康。

玉關：指丹田。淵默：深沈靜默。

明．謙啟敬《修齡要指》

長生之本，惟善爲基也。

《諸真語錄》

生死之道，弘之在人。生死常也，確乎在天。

弘：光大。 《七部語要》

凡人心非不好其生，不能全其生，非不惡其死，不能遠其死。 《七部語要》

晴空之中有蠓蚋者，因雨而生，見陽而死；朽壤之上，有菌芝者，生於朝，死於夜。則知生者死之根，死者生之根。

蠓蚋（ㄇㄥˇ ㄖㄨㄟˋ）：如蒼蠅般小昆蟲。朽壤：腐爛的土壤。 《七部語要》

咽液生神第一功，聚精六合返童容；
往來不息周而始，自見天根常茂豐。

咽：吞。液：氣中津液。天根：天命之根。六合：即六方，東南西北上下。 《大洞真經》

斷絕六根成正覺，華池神水自相融。

六根：道家以眼耳鼻舌身意為六根。華池：即命門。神水：心中之液；此句意為心中之液周流而入命門，使之融合化氣。 《大洞真經》

明治病之術者，杜未生之疾。

晉・葛洪《抱朴子・用刑》

杜：斷絕。

生相憐，死相捐。

《列子》

捐：捨棄。

人之生也柔弱，其死也堅強；萬物草木之生也柔脆，其死也枯槁。故堅強者死之徒，柔弱者生之徒。

《老子》七十六章

意謂人初生時是柔弱的，死後變得僵硬；萬物草木初生時是柔弱的，死後變得枯槁。所以堅強的東西屬於衰亡的一類，柔弱的東西屬於生長的一類。

人之生也，與憂俱生。

《莊子・至樂》

俱：一起。

緣督以爲經，可以保身，可以全生，可以養親，可以盡年。

意謂順著自然的理路以為常法，便可保護生命，保全天性，養護身體，享盡壽命。

《莊子．養生主》

靜然可以補病，眥媙可以休老，寧可以止遽。

《莊子．外物》

眥媙（ㄗˋ ㄇㄝˋ）：按摩。休老：養老。遽：急躁。

吾以天地爲棺椁，以日月爲連壁，星辰爲珠璣，萬物爲賫送，吾葬具豈不備邪？

《莊子．列御寇》

椁（ㄍㄨㄛˇ）：棺外的套棺。連壁：雙壁。賫（ㄌㄞˋ）：送：贈物。

長生之事，世所希聞乎，望使必信，是令蚊虻負山，與井蛙論海也。

意謂長生的事情，世俗之人少有聽說，若期望他們一定要相信，那就像叫蚊虻背山，和井底之蛙討論大海一樣。

晉．葛洪《抱朴子．論仙》

上士舉形升虛，謂之天仙，中士遊於名山，謂之地仙；下士先死後蛻，謂之屍解仙。

升虛：升天。蛻（ㄊㄨㄟˋ）：道家謂屍解為蛻質。屍解：道家以修仙者死而脫離屍骸，稱為屍解。

晉．葛洪《抱朴子．論仙》

服丹守一，與天相畢，還精胎息，延壽無極。此皆至道要言也。

相畢：一同消亡。胎息：道家的修養方法之一，如胎兒在母腹中鼻無呼吸一般。

晉．葛洪《抱朴子．對俗》

人欲地仙，當立三百善；欲天仙，當立千二百九十九善，而忽復中行一惡，則盡失前善，乃當復更起善數耳。故善不在大，惡不在小也。

意謂人想成為地仙，當做三百善事，想成為天仙，當行一千二百九十九善事，而其中忽有做一惡事，則前面的善事都將失去，這樣，就得再從頭做起。所以，善不在於大，惡並不在於小。

晉．葛洪《抱朴子．對俗》

夫人所以死者，諸欲所損也，百病所害也，毒害所中也，邪氣所傷也，風冷所犯也。今導引行氣，還精補腦，食飲有度，興居有節，將服藥物，思神守一，柱天禁戒，帶佩符印，傷生之徒，一切遠之。

枉天：不合自然。帶：同「戴」。

晉．葛洪《抱朴子．至理》

若仙必可得，聖人已修之矣。

夫人不必仙，仙人不必聖。

已修：停止修為。

晉．葛洪《抱朴子．辯問》

養生以不傷爲本，百病不癒安得長生？

晉．葛洪《抱朴子．極言》

達人所以不愁死者，非不欲求，亦固不知所以免死之術，而空自焦愁，無益於事，故云樂天知命故不憂耳。

晉．葛洪《抱朴子．勤求》

夫人生受精神於天地，後稟氣血於父母，然不得明師告之以度世之道，則無由免死。

晉．葛洪《抱朴子．勤求》

未有不耕而獲嘉禾，未有不勤而獲長生度世也。

嘉禾：生長得特別茁壯的禾稻。

晉．葛洪《抱朴子．勤求》

我命在我不在天，還丹成金億萬年。

晉．葛洪《抱朴子．黃白》

天地之情狀，陰陽之吉凶，茫茫乎其亦難評也，吾也不必謂之有，又亦不敢保其無也。

晉．葛洪《抱朴子．登涉》

采掘草木之藥，劬勞山澤之中，煎餌治作，皆用筋力，登危涉險，夙夜不怠，非有至志不能久也。

劬（ㄑㄩˊ）勞：勞苦。至志：猶言不懈之志。夙夜：早晚。

晉．葛洪《抱朴子．地真》

身若浮雲，捲舒自如，物來觸我，我不著物，久久行之，自然諸疾銷除。

捲舒：曲伸。著：即著，接觸。銷：同「消」。

《唱道真言》

無爲者，道之體也，丹者，無所爲而爲者也。上古聖人憫人之不能及於無爲也，故教人煉丹，使之從無爲中討出有爲。

《唱道真言》

虛無自然，雖萬聖萬真，不能出此四字。物之所以有生死者，以其未能虛無也；天有陰陽五行，則天不虛矣，地有剛柔燥濕，則地不虛矣，故天地不能逃生死，而況於人哉？

《唱道真言》

氣入身來爲之生，神去離形爲之死，知神氣可以長生，固守虛無，以養神氣，神行即氣行，神往則氣住，若欲長生，神氣相注。

相注：指神與氣不相離。

《胎息經》

性命之在人，如日月之在天地。日與月合則常明，性與命合則長生。

《紫清指玄集》

人不能自生而神生之，人不能自死而神死之，若神居其谷而死，人安得而死乎？

谷：山谷；《老子》有「谷神不死」句，谷，養；意謂人能養神則不死。

《紫清指玄集》

盛不知養，衰不知救，日復一日，陽盡陰純。　《性命圭旨》

人身難得今已得，大道難明今已明；
此身不向今生度，更向何生度此身。　《性命圭旨》

以有限易摧之身，日逐無涯不測之事，一息不來，倏然長往，命未告終，真靈已投於別殼矣。　《性命圭旨》

千年鐵樹花開易，一失人身再復難。　《性命圭旨》

何謂之性，元始真知，一靈炯炯是也；何謂之命，先天至精，一氣氤氳是也。然有性便有命，有命便有性，性命原不可分。但以其在天則謂之命，在人則謂之性……性無命不立，命無性不存。

元始真如：元始，道家稱生於劫先為元始；真如：謂真常之道。氤氳（ㄧㄣ ㄩㄣ）：變化生長。　《性命圭旨》

性有氣質之性，有天賦之性，命有分定之命，有形氣之命，君子修天賦之性，克氣質之性，修形氣之命，付分定之命。

氣質之性：猶言後天之性。天賦之性：猶言自然之性。分定之命：猶言命所注定的命。形氣之命：太和元氣化成之命。

《性命圭旨》

知去然後知死處，死之機由於生，生之機原於死，無死機不死，無生機不生，生死之機兩相關。世人所以有生死，生死之機不相關，至人所以超生死。有生死者，身也，無生死者，心也。

《性命圭旨》

久視於上丹田，則神長生，久視於中丹田，則氣長生，久視於下丹田，則形長生。

《性命圭旨》

一念不起，萬感俱息，長生延年，安閑自樂。

唐·施肩吾《西山群仙會真記》

氣在養而不弱，形在養而不悴，內外養之無差，故得與天地日月同長久也。

唐·施肩吾《西山群仙會真記》

養壽者，凡以禁忌而防其禍。行不多言，恐神散而損氣，睡不張口，恐氣泄而損神。臨危登峻則魂飛，玩殺看鬥則氣結，吊死問病則喜神自散，臥濕當風則真氣日弱，古廟凶祠不可入，入之則神驚，狂禽異獸不可戰，戰之則神恐。

吊死：弔念死者。

唐．施肩吾《西山群仙會真記》

養命養其五臟，五臟爲根，根固葉自茂矣；養形養其五氣，五氣爲源，源流深自長矣。

五氣：五方之氣，道家謂東方木德之氣，其色青；南方火德之氣，其色赤；西方金德之氣，其色白；北方水德之氣，其色黑；中央土德之氣，其色黃。

唐．施肩吾《西山群仙會真記》

生也，死之徒，死也，生之始；孰知其紀。人之生，氣之聚也；聚則爲生，散則爲死。

意謂生是死的連續，死是生的開始，誰知個中規律。人的出生，是氣的積聚，積聚便是生命，消散便是死亡。

《莊子．知北遊》

人生雖有百年期，壽夭窮通莫預知。
昨日街頭猶走馬，今朝棺內已眠屍。

宋・張伯端《悟真篇》

大澤焚而不能熱，河沍而不能寒，疾雷破山而不能傷，飄風振海而不能驚。若然者，乘雲氣，騎日月，而遊乎四海之外，死生無變於己，而況利害之端乎。

《莊子・齊物論》

沍（ㄏㄨˋ）：冰凍。若然者：像這樣的至人。

死生，命也，其有夜旦之常，天也。

人的死生是自然而不可免的，就像永遠有黑夜和白天一樣，是自然的規律。

《莊子・大宗師》

人自生至終，大化有四：嬰孩也，少壯也，老耄也，死亡也。其在嬰孩，氣專志一，和之至也，物不傷焉，德莫加焉。其在少壯，則血氣飄溢，欲慮充起，物所攻焉，德故衰焉。其在老耄，則欲慮柔焉，體將休焉，物莫先焉，未及嬰孩之全，方於少壯間矣。其在死亡也，則之於息焉，反其極矣。

《列子》

大化：人生的變化。老耄（ㄇㄠˋ）：老年。耄，八十、九十歲稱耄。方：正在。反其極矣：猶言復歸於自然。

第四章

處世篇

1 識人識物

2 利害得失

3 交友之道

4 處世修養

識人識物

勿輕小事，小隙沈舟；勿輕小物，小蟲毒身；勿輕小人，小人賊國。

輕：輕視，疏忽。小隙：細縫。賊：害。

《關尹子·九藥》

大人虎變，其文炳也。

大人：傑出的人。虎變：虎身花紋斑駁多彩。文：文采。炳：光輝。意謂傑出的人施政成績可觀，像虎身花紋燦爛彪炳。

《周易·革》

識珍者必拾濁水之明珠，賞氣者必採穢藪之芳蕙。

賞氣者：善於鑒別氣味的人。穢藪（ㄏㄨㄟˋ ㄙㄡˇ）：污濁叢聚的地方。蕙：香草。

晉·葛洪《抱朴子·擢才》

披泥抽淪玉，澄川掇沈珠。

披：撥開。淪：沈沒。掇（ㄉㄨㄛˊ）：拾取。

晉·葛洪《抱朴子·擢才》

以玉爲石者，亦將以石爲玉矣，以賢爲愚者，亦將以愚爲賢矣。

晉・葛洪《抱朴子・擢才》

凡外重者內拙。

外重：重視外表。內拙：內心笨拙。

《列子・黃帝》

君子不爲苛察。

苛察：苛刻煩瑣地要求，以顯示其精明。

《莊子・天下》

良馬敗於拙御，智士躓於暗世。

御：駕馭車馬的人。躓（ㄓˋ）：被絆倒，引申為成不了事。暗世：黑暗的世道。

晉・葛洪《抱朴子・官理》

新劍以詐刻加價，弊方以僞題見寶。

詐刻：在新鑄的劍上刻上古時的年號。弊方：沒有效驗的藥方。僞題：指托名於古代的名醫。

晉・葛洪《抱朴子・鈞世》

處明者不見暗中一物，處暗者能見明中區事。

處：處於。區事：細小事物。 《關尹子·一宇》

以巧鬥力者，始乎陽，常卒乎陰，泰至則多奇巧；以禮飲酒者，始乎治，常卒乎亂，泰至則多奇樂。凡事亦然，始乎諒，常卒乎鄙，其作始也簡，其將畢也必巨。

意謂以技巧角力的人，開始時明來明去，到最後往往使出陰謀，太過分就詭計百出。以禮飲酒的人，開始規規矩矩，到最後常常迷亂昏醉，太過分則放蕩狂樂。任何事情都是如此。開始彼此見諒，到最後就互相欺詐。許多事開始很簡單，到後來就變得繁難了。 《莊子·人間世》

有人之形，故群於人；無人之情，故是非不得於身。

群：相處。 《莊子·德充符》

知天之所爲，知人之所爲者，至矣。

至：極，指洞察事理到極境。 《莊子·大宗師》

水行不避蛟龍者，漁父之勇也；陸行不避兕虎者，獵夫之勇也；白刃交於前，視死若生者，烈士之勇也，知窮之有命，知通之有時，臨大難而不懼者，聖人之勇也。

兕（ㄙˋ）：指雌的犀牛。知窮之有命，知通之有時：知道窮困是由於天命，知道通達是由於時機。《莊子．秋水》

以德分人謂之聖，以財分人謂之賢，以賢臨人，未有得人者也，以賢下人，未有不得人者也。

分人：施人。臨：指拿賢名傲視別人。《莊子．徐無鬼》

強哭者雖悲不哀，強怒者雖嚴不威，強親者雖笑不和。真悲無聲而哀，真怒未發而威，真親未笑而和。

強：勉強。《莊子．漁父》

君子以類族辨物。

意謂君子以同類聚集成族的大同精神，去辨別萬物的差異。《周易．同人》

妄意而知人之藏者，明也；先入而不疑者，勇也；後出而不懼者，義也；知可否之宜者，知也；分則均同者，仁也；不得此道而成天下大盜者，未之有也。

妄意：胡亂猜想。知可否之宜：懂得肯定和否定的尺寸。大盜：即指大道。

晉．葛洪《抱朴子．辯問》

所以過絕人者，唯在於才長思遠，口給筆高，德全行潔，強訓博聞之事耳。

過絕人：超越別人。口給（ㄐㄧˇ）：猶口辯，口才敏捷，善於答辯。

晉．葛洪《抱朴子．辯問》

凡夫不識妍蚩爲共稱揚，增長妖妄，爲彼巧僞之人，虛生華譽，歙習遂廣，莫能甄別，故或令高人偶不留意澄察，而擔任兩耳者；誤於學者，常由此輩，莫不使人嘆息也。每見此曹，欺誑天下，以規勢利者，遲速皆受殃罰。天網雖疏，終不漏也。

妍蚩：美好和醜惡。甄（ㄓㄣ）別：辨別。澄察：明察。此曹：此輩。規：謀劃。疏：稀，不密。

晉．葛洪《抱朴子．勤求》

聾瞽之存乎精神者，唯欲專擅華名，獨聚徒眾，外求聲價，內規財利，患疾勝已，乃劇於俗人之爭權勢也；遂以唇吻為刃鋒，以毀譽為朋黨，口親心疏，貌合行離。陽敦同志之言，陰挾蜂蠆之毒，此乃天人所共惡，招禍之符檄也。

聾瞽（ㄍㄨˇ）：聾子；瞎眼。華名：猶指不實之名。劇於：甚於，超過。陽：當面。同志：志趣相同。蜂蠆（ㄔㄞˋ）：蜂蝎。

晉．葛洪《抱朴子．勤求》

知人之淺深，實復未易。古人之難，誠有以也。白石似玉，奸佞似賢。賢者愈自隱蔽，有而如無，奸人愈自衒沽，虛而類實。

誠有以也：確實是有緣故的，以，因由，緣故。衒沽：自我誇耀，以求名利。類實：與實際相同，實，指財物名利。

晉．葛洪《抱朴子．地真》

無術學則安能見邪正之真偽。

晉．葛洪《抱朴子．崇教》

料倚伏於未萌之前，審毀譽於巧言之口，不使敦樸散於雕偽，不使一體淺於二端。

倚伏：倚，依托，伏，隱藏，這裡指禍福相依轉化，即老子言：「禍兮福之所倚，福兮禍之所伏。」二端：兩個方面。

晉．葛洪《抱朴子．君道》

以智告愚，則必不入，故文王諫紂終於不納也。

晉．葛洪《抱朴子．時難》

世俗之人，交不論志，逐名趨勢，熱來冷去，見過不改，視迷不救，有利則獨專而不相分，有害則苟免而不相恤，或事便則先取而不讓，值機會則賣彼以安此。

值機會：正當有機會。

晉．葛洪《抱朴子．交際》

讒人畫蛇足於無形，奸臣畏忠貞之害己，體曲者忌繩墨之容，夜裸者憎明燭之來。

晉．葛洪《抱朴子．擢才》

士能爲可貴之行，而不能使俗必貴之也，能爲可用之才，而不能使世必用之也。

士：任事。

晉．葛洪《抱朴子．任命》

擬玄黃覆載，揚明並以表微，文彪昞而備體，獨澄見以入神者，聖人也；
稟高亮之純粹，抗峻標以邈俗，虛靈機以如愚，不二過以謟黷者，賢人也；
屬寂寞之無爲，蹈修直而執平者，道人也；
盡烝嘗於存亡，保髮膚以揚名者，孝人也；
垂惻隱於有生，恆恕己以接物者，仁人也；
端身命於殉國，經險難而一節者，忠人也；
視微理於難覺，料倚伏於將來者，明人也；
量理亂以捲舒，審去就以保身者，智人也；
順通塞而一情，任性命而不滯者，達人也；
不枉尺以直尋，不降辱以苟命者，雅人也；
據體度以動靜，每清詳而無悔者，重人也；
體冰霜之粹素，不染於勢利者，清人也；
篤始終於寒暑，雖存亡而不猜者，義人也；
守一言於久要，厲歲衰而不渝者，信人也；
摛銳藻以立言，辭炳蔚而清允者，文人也；
奮果毅之壯烈，聘干戈以靜難者，武人也；

甄墳索之淵奧，該前言以窮理者，儒人也；
銳乃心於精義，吝寸陰以進德者，益人也；
識多藏之厚亡，臨祿利而如遺者，廉人也；
不改操於得失，不傾志於可欲者，貞人也；
恤急難而忘勞，以憂人爲己任者，篤人也；
潔皎分以守終，不遜避而苟免者，節人也。

飛清機之英麗，言約暢而判滯者，辯人也；
每居卑而推功，雖處泰而滋恭者，謙人也；
崇敦睦於九族，必居正以赴理者，順人也；
臨凝結而能斷，操繩墨而無私者，幹人也；
拔朱紫於中搆，剖猶豫以允當者，理人也；
步七曜之盈縮，推興亡之道軌者，術人也；
赴白刃而忘生，格兕虎於林谷者，勇人也；
整威容以肅眾，仗法度而無貳者，嚴人也；
創機巧以濟用，總音數而並精者，藝人也；

凌強禦而無憚，雖險逼而不沮者，黠人也；
執匪懈於夙夜，忘勞瘁於深峻者，勤人也；
蒙謗讟而晏如，不慴懼於可畏者，勁人也；
聞榮譽而不歡，遭憂難而不變者，審人也；
知事可而必行，不猶豫於群疑者，果人也；
循繩墨以進止，不乾沒於僥幸者，謹人也；
奉禮度以戰兢，及親疏而無尤者，良人也；
履道素而無欲，時難移而不變者，樸人也。

不致養於所生，損道而忘生者，悖人也；
懷邪僞以偷榮，豫利己而忘生者，逆人也；
背仁義之正途，苟危人以自安者，凶人也；
好爭奇而無厭，專醜正而害直者，惡人也；
出繩墨以傷刻，心好殺而安忍者，虐人也；
飾邪說以浸潤，搆謗累於忠貞者，讒人也；

雖言巧而行違，實履濁而假清者，佞人也；
不原本以枉直，苟好勝而肆怒者，暴人也；
措細善以取信，陰挾毒而無親者，奸人也；
承風指以苟容，揆主意而挾非者，諂人也；
言不詳於反覆，好輕諾而無實者，虛人也；
視利地而忘義，棄廉恥以苟得者，貪人也；
覿艷逸而心蕩，飾誇綺而思邪者，淫人也；
見成事而疑惑，動失計而多悔者，暗人也；
背訓典而自任，恥請問於勝己者，損人也；
知善事而不建，雖多為而無成者，劣人也；
委德行而不修，奉權勢以取媚者，弊人也；
履蹊徑以僥速，推貨賄以爭津者，邪人也；
既傲很以無禮，好凌辱乎勝己者，悍人也；
被壓枉而自誣，事無苦而振懾者，怯人也；
沾細辨於稠眾，非其人而盡言者，淺人也；
闇事宜之可否，雖企慕而不及者，頑人也；

知是非而不改，聞良規而增劇者，惑人也；
無濟恤之仁心，輕告絕於親舊者，薄人也；
既疾其所不逮，喜他人之有災者，妒人也；
專財穀而輕義，觀困匱而不振者，吝人也；
冒至危以僥幸，值禍敗而不悔者，愚人也；
情局碎而偏黨，志惟務於盈利者，小人也；
騁鷹犬於原獸，好博獻而無已者，迷人也；
忘等威之異數，快飾玩之誇麗者，奢人也；
耽聲色於飲宴，廢慶吊於人理者，荒人也；
既無心於修尚，又怠惰於家業者，懶人也；
無抑斷之威儀，每脫易而不思者，輕人也；
觀道義而如醉，聞貨殖而波擾者，穢人也；
杖淺斷而多謬，闇趨捨之臧否者，笨人也；
憎賢者而不貴，聞高言而如聾者，嚚人也；
視朱紫而不分，雖提耳而不悟者，蔽人也；
迷道義以趑趄，冒禮刑而罔顧者，亂人也；

每動作而受嗤，言發口而違理者，拙人也；
事酋豪如仆虜，值衰微而背惠者，慝人也；
捐貧賤之故舊，輕人士而踞傲者，驕人也；
棄衰色而廣欲，非宦學而遠遊者，蕩人也；
無忠信之純固，背恩養而趨利者，叛人也；
當交顏而面從，至析離而背毀者，僞人也；
習強梁而專己，距忠告而不納者，刺人也。

表徵：表明。澄見：明見。邈俗：遠離世俗。二過：再次過錯。謟黷（ㄉㄨˊ）：謟媚辱沒。烝嘗：烝，冬祭；嘗，秋祭。端：正。微理：微妙的道理。捲舒：曲伸。去就：離開、接近，指取捨。枉尺以直尋：比喻在小節上不妨委曲一些，以求得更大的益處，枉，曲，直，伸。渝：改變，違背。摛（ㄔ）銳藻：鋪張精銳的詞藻。炳蔚：形容文采鮮明華美。清允：清淡平允。甄墳索之淵奧：墳索，指古書，猶言鑒別古書中深的道理。該：完備。苟免：苟且求免。清機：機，素質、秉賦，猶言純清的秉賦。約暢：簡章明暢。判滯：猶言辨難解惑。滋恭：更加恭敬。朱紫：比喻以邪亂正，或真僞混淆。中構：猶言隱居處。剖：分辨。七曜：曜，亦作燿，古人以日月與金木水火土五大行星為七曜。赴白刃：猶言面對死亡。匪懈：不鬆懈。夙夜：早晚。晏如：晏，平靜、安逸，平靜的樣子。乾沒：侵吞他人的財物。無尤：沒有責怪、怨恨。無厭：不滿足。傷刻：猶傷害。浸潤：逐漸浸染。假清：假裝清明。承風指：風指，猶風旨，奉承上司的神色旨意。揆（ㄎㄨㄟˊ）主意：揣測主子的意圖。覿（ㄉㄧˊ）：見。訓典：先王的典籍。自任：自我放任。委：知道。僥速：意外地快。爭津：猶言爭奪重要的位置。傲很：很，狠。不逮：不及。振：賑，救濟。局碎：猶指器量狹小。博獻：多奉獻。無已：沒有止境。等威：相應於不同身分之威儀。異數：有差別。脫易：輕率不穩重。貨殖：經商。淺斷：淺短。趨捨：取捨。臧否：猶言好壞得失。嚚（ㄧㄣˊ）人：愚頑之人。赼趄（ㄗ ㄐㄩ）：且前且卻，猶豫不進。酋豪：部落首長。背惠：背離仁慈。踞傲：踞，同「倨」，傲慢不恭。宦學：宦，學習做官，學，學習經藝。析離：即離析，離散。距：通「拒」，抗拒。

晉　葛洪《抱朴子．行品》

瞶者不可督之以分雅鄭，瞽者不可責之以別丹漆，并龜不可語以滄海，庸俗不可說以經術。

瞶（ㄍㄨㄟˋ）：極視。雅鄭：雅，指雅樂，宮廷音樂，鄭，指鄭聲，鄭地音樂，古有「雅樂」為正聲，「鄭聲」為淫邪之音之說，後遂指正聲和淫邪之音。丹漆：丹，朱紅色，漆，黑色。

晉　葛洪《抱朴子・守　》

必死之病，不下苦口之藥，朽爛之材，不受雕漆之飾。是以比干匪躬，而剖心於精忠，田豐見微，而夷戮於言直。

比干：商代貴族，紂王的叔父，官少師，相傳因屢次勸諫紂王，被剖心而死。田豐：後漢鉅鹿人，權略多奇，為袁紹別駕，後因敢直言而被袁紹所殺。

晉　葛洪《抱朴子・博喻》

鋸牙之獸，雖低伏而見憚，揮斧之蟲，雖跧形而不威，君子被褐窮而不可輕，小人軒冕達而不足重。

鋸牙：鋸齒狀牙，猶言猛獸。見憚：覺得害怕。跧形：蜷伏的樣子。被褐（ㄏㄜˊ）：穿粗麻製成的短衣，猶言貧賤。

晉　葛洪《抱朴子・博喻》

世有雷同之譽，而未必賢也，俗有讙嘩之毀，而未必惡也。

雷同：人云亦云。讙嘩：大聲說笑或喊叫。

晉　葛洪《抱朴子・廣譬》

愚夫之所悅，乃達者之所悲也，凡才之所趨，乃大智之所去也。

晉　葛洪《抱朴子・廣譬》

利害得失

身在江海之上，心居乎魏闕之下，奈何？

《莊子．讓王》

這是中山公子牟對瞻子說的一句話，瞻子接著說：「重生，重生則輕利。」

魏闕：宮殿之門，榮華富貴的象徵。

富貴之多罪，不如貧賤之履道。

晉 葛洪《抱朴子．廣譬》

履道：實行道義。

勇武以強梁死，辯士以智能困。

《文子．上德》

強梁：凶暴、強橫。困：困窘。

曲則全，枉則直，洼則盈，弊則新，少則多，多則惑。

意謂委曲可以求全，枉屈反能伸直，洼下自會充盈，敝舊不斷更新，取少反能勝多，貪多往往喪失。

《老子》二十二章

災人者，人必反災之。

災人：害人。

《莊子・人間世》

孰惡孰美，成者爲首，不成者爲尾。

孰：誰。首：上等。尾：下等。

《莊子・盜跖》

小惑易方，大惑易性。

惑：迷。方：四方，東西南北。性：本性。

《莊子・駢拇》

尋常之溝，巨魚無所還其體，而鯢鰍爲之制。步仞之丘陵，巨獸無所隱其軀，而蘖狐爲之祥。

尋常：八尺為尋，二尋為常，形容短小。還：轉。鯢鰍（ㄋㄧˊ ㄑㄧㄡ）：小魚。制：曲折回旋。蘖（ㄋㄧㄝˋ）狐：妖蘖的狐狸。祥：適宜。

《莊子・庚桑楚》

察見淵魚者不祥，智料隱匿者有殃。
意謂能看見深水中的魚的人必有不祥的遭遇，能看出別人隱私的人必會招來災禍。
《列子．說符》

窮則變，變則通，通則久。
《周易．繫辭下》

慢藏誨盜，冶容誨淫。
慢藏：收藏財物不謹慎。冶容：妖艷的容飾。誨：教導。意謂財物保管不慎，等於教導人來偷竊，女子打扮過分妖艷，等於教導人來調戲。
《周易．繫辭上》

山木，自寇也；膏火，自煎也。桂可食，故伐之；漆可用，故割之。
自寇：自討砍伐。膏火：膏即油脂，油脂可以點火，故稱膏火。自煎：自討煎熬。伐：被砍伐。割：遭刀割。
《莊子．人間世》

招世之士興朝，中民之士榮官，筋力之士矜難，勇敢之士奮患，兵革之士樂戰，枯槁之士宿名，法律之士廣治，禮教之士敬容，仁義之士貴際。農夫無草萊之事則不比，商賈無市井之事則不比。庶人有旦暮之業則勸，百工有器械之巧則壯。錢財不積則貪者憂，權勢不尤則夸者悲。

《莊子．徐無鬼》

招世：招搖於世。興朝：指立足朝廷。中民：中等之民。矜難：以克服困難自矜。奮患：奮發除患。枯槁之士：山林隱士。宿名：留意於聲名。廣治：推廣法治。敬容：整飾儀容。貴際：貴在交際。草萊之事：耕種之事。比：樂。庶人：普通人。旦暮之業：每天的工作。勸：勉勵從事。壯：氣壯盛。尤：出眾。夸者：指權勢欲強的人。

物或損之而益，或益之而損。

《老子》四十二章

物：事物。或：有。損：削弱。益：加強。

禍兮福之所倚，福兮禍之所伏。

《老子》五十八章

意謂災禍身邊就是幸福，幸福的裏面就包藏著災禍。

慈故能勇，儉故能廣，不敢爲天下先，故能成器長。

廣：寬廣，豐厚。成器長：猶指成為萬物的首長。

《老子》六十七章

不夭斤斧，物無害者，無所可用，安所困苦哉？

意謂（大樹）不遭受斧頭砍伐，沒有東西來侵害它，無所可用，又會有什麼禍害呢？

《莊子·逍遙遊》

爲善無近名，爲惡無近刑。

意謂做善事不要有求名之心，做惡事要遭受刑戮之害。（這裡的善事惡事，均從世俗的眼光看）

《莊子·養生主》

善人不得聖人之道不立，跖不得聖人之道不行；天下之善人少而不善人多，則聖人之利天下也少而害天下也多。

意謂善人若不懂聖人之道就難以自立，盜跖若不懂聖人之道便不能橫行。天下的善人少而不善的人多，所以善人有利於天下的也少而不利於天下的也多。

《莊子·胠篋》

與人和者，謂之人樂；與天和者，謂之天樂。

《莊子・天道》

和：冥合。

爲不善於顯明之中者，人得而誅之；爲不善乎幽闇之中者，鬼得而誅之。明乎人，明乎鬼者，然後能獨行。

《莊子・庚桑楚》

意謂明地裡作惡要受到衆人的制裁，暗地裡作惡，要受到良心的責備。能坦然地面對人面對良心的，就能獨行而無愧。

渙其血，遠害也。

《周易・下經》

血：傷害。

小人以小善爲無益，而弗爲，故惡積而不可掩，罪大而不可解。

《周易・繫辭下》

解：消解。

君子以遏惡揚善，順天休命。

《周易・大有》

損己者物愛之，厚己者物薄之。

《黃帝陰符經》

兵強則滅，木強則折，柔弱者生之徒，堅強者死之徒。狀不必童而智童，智不必童而狀童。聖人取童而遺童狀，眾人近童狀而疏童智。

狀：形態。狀童：模仿童稚。

《列子》

行善不以爲名，而名從之；名不與利期，而利歸之，利不與爭期，而爭及之。故君子必慎爲善。

意謂行善不是為了名，而名自然會隨從，名不與利相約，而利自然降臨，利不和「爭」相約，而「爭」又自然會到來。所以君子必然謹慎為善。

《列子》

潔身而勿大倫之亂，得意而忘安上之義。

晉·葛洪《抱朴子·嘉遁》

繩舒則木直，正進則邪凋，有虞舉則四凶戮，宣尼入則少卯梟，猶震雷駭則鼙鼓咽，朝日出則螢燭幽也。

舒：伸展，這裡指嚴正執法。宣尼：指孔子。少卯梟（ㄒㄧㄠ）：少卯，少正卯，梟，梟首，即斬首高懸以示眾，傳說孔子殺少正卯。鼛（ㄍㄠ）鼓：大鼓。幽：暗。

晉．葛洪《抱朴子．嘉遁》

欲推短才以厘雷同，仗獨是以彈眾非，然不睹金雖剋木，而錐鑽不可以伐鄧林，水雖勝火，而升合不足以救焚山，寸膠不能治黃河之濁，尺水不能卻蕭丘之熱，是以身名並全者甚稀，而先笑後號者多有也。

厘：考訂，改革。獨是：自以為是。彈：彈劾。鄧林：古代傳說中的樹林。升合（ㄍㄜ）：比喻極少量。

晉．葛洪《抱朴子．嘉遁》

小善雖無大益，而不可不爲，細惡雖無近禍，而不可不去也。

晉．葛洪《抱朴子．君道》

時移世變，古今別務，行立乎己，名存乎人。金玉經於不測者，託於輕舟也，靈鳥萃於玄霄者，扶搖之力也，芳蘭之芬烈者，清風之功也，屈士起於丘園者，知己之助也。

喻壓抑環境。

萃：到。玄霄：玄，高空的深青色，指天。屈士：受委曲者。丘園：比

晉·葛洪《抱朴子·交際》

畏水者，何必廢舟楫，忌傷者，何必棄斧斤。

斧斤：砍木的工具。

晉·葛洪《抱朴子·交際》

金以剛折，水以柔全，山以高移，谷以卑安，是以執雌節者，無爭雄之禍，多尚人者，有召怨之患。

雌節：安於柔弱，不與人爭，即老子所謂「知雄守雌」。尚人：奉承上司。

晉·葛洪《抱朴子·廣譬》

准的陳則流鏑赴焉，美名起則謗讟攻焉，瑰貨多藏，則不招怨而怨至矣，器盈志驕，則不召禍而禍來矣。

鏑（ㄉㄧˊ）：箭鏃。瑰貨：珍貴的東西。器盈：猶言才氣旺盛。

晉·葛洪《抱朴子·廣譬》

恩甚則怨生，愛多則憎至。

《亢倉子・用道》

瞽者善聽，聾者善視，絕利一源，用師十倍，三返晝夜，用師萬倍。

用師十倍：猶言有十倍之功。三返晝夜：一晝之中三而行之，一夜之中三而思之。

《黃帝陰符經》

交友之道

度在身，稽在人，人愛我，我必愛人，人惡我，我必惡人。

度：指度量胸襟。身：自己。稽：考查。惡（ㄨˋ）：厭惡，憎恨。

《列子・說符》

嬰兒生無石師而能言，與能言者處也。

石師：大師。處：在一起。

《莊子・外物》

二人同心，其利斷金；同心之言，其臭如蘭。

利：銳利。臭（ㄒㄧㄡˋ）：氣味。

《周易・繫辭上》

同聲相應，同氣相求。

應：呼應。求：感應。

《周易・乾》

同類相從，同聲相應，固天之理也。

從：聚集。天之理：自然的道理。

《莊子・漁父》

君子上交不諂，下交不瀆。

上交：結交地位高的人。諂：諂媚討好。下交：結交地位低的人。瀆：輕侮。

《周易・繫辭下》

君子之交淡若水，小人之交甘若醴。君子淡以親，小人甘以絕。彼無故以合者，則無故以離。

意謂君子的交情淡薄得像水一樣，小人的交情甘美得像甜酒一般。君子淡薄卻親切，小人甜蜜卻易斷絕。所以沒緣沒故結合的，也就沒緣沒故離散了。

《莊子・山木》

魚欲異群魚，捨水躍岸即死；虎欲異群虎，捨山入市即擒。

異：不同於。捨：拋棄。

《關尹子・三極》

井蛙不可以語於海者，拘於虛也；夏蟲不可以語以冰者，篤於時也；曲士不可以語於道者，束於教也。

《莊子．秋水》

拘：偈限。虛：同「墟」，指井蛙生長的地方。篤（ㄉㄨˇ）：限制。曲：一部分，曲士是指有偏見的書生。

三人行，則損一人，一人行，則得其友。

《周易．損》

意謂三人共同行動，主張不同，行動不一致，有一人必然放棄成見；一人單獨行動，反而會得到志同道合的友伴。

君子以遠小人，不惡而嚴。

《周易．遯》

意謂君子遠離小人，但也不是憎惡小人，而是嚴於律己，不使小人接近。

君子以朋友講習。

《周易．兌》

歸同契合者則不言而自信，殊途別務者雖忠告而見疑。

晉．葛洪《抱朴子．微旨》

明師之恩，誠爲過於天地，重於父母多矣。

誠：實在。

晉．葛洪《抱朴子．勤求》

先哲居高不敢忘危，愛之欲教之義方，雕琢切磋，弗納於邪，爲選明師傳以像成之，擇良友漸染之，督之以博覽，示之以成敗，使之察往以悟來。

義方：指行事應遵守的規矩法度。弗納：不納入。像成：效法成功。漸染：逐漸熏陶。

晉．葛洪《抱朴子．崇教》

朋友師傅，尤宜精簡，必收寒素德行之士。

晉．葛洪《抱朴子．崇教》

翔集而不擇木者，必有離巢之禽矣，出身而不料時者，必有危辱之士矣。

翔集：群鳥飛翔後棲止一處。出身：出仕作官。料時：預料時機。

晉．葛洪《抱朴子．良規》

朋友之交，不宜雜浮，面而不心，楊云攸譏，故雖位顯名美門齊年敵，而趨捨異規，業尙乖互者，未嘗結焉。

晉・葛洪《抱朴子・交際》

意謂朋友的交往，不要混雜輕浮。表面上相一致，而內心並不一致，所以雖是地位顯赫、名聲很大、門當年配，如取捨標準不一，追求事業各異，則不必結交。

詳交者不失人，而泛結者多後悔。故曩哲先擇而後交，不先交而後擇。

晉・葛洪《抱朴子・交際》

詳交：善於結交。泛結：泛泛而結，不善結交。曩（ㄋㄤˇ）哲：從前的哲人。

梧禽不與鴟梟同枝，麟虞不與豺狼連群，情源不與濁潦混流，仁明不與凶暗同處。

晉・葛洪《抱朴子・交際》

梧禽：指鳳凰。鴟（ㄔ）梟：即鴟鴞，像黃雀。

君子之交也，以道義合，以志契親，故淡而成焉。小人之接也，以勢利結，以狎慢密，故甘而敗焉。

志契：志趣相投。狎慢：狎邪輕慢。

晉・葛洪《抱朴子・疾謬》

好尙不可以一概核，趨捨不可以彼我易也。

晉・葛洪《抱朴子・守　》

黨援多者，偕驚猋以凌雲，交結狹者，侶跛鱉以沈泳。夫丸泥不能遏彭蠡之沸騰，獨賢亦焉能反流遁之失正。

黨援：彼此親近，攀附，以相支援。猋（ㄧㄢ）火花。彭蠡：今鄱陽湖。

晉・葛洪《抱朴子・安貧》

聲同則傾蓋而若昵，道異則白首而無愛。

傾蓋：蓋，車蓋，形如傘，謂停車交蓋，兩蓋稍稍傾斜；朋友相見，親切談話。

晉・葛洪《抱朴子・博喻》

收遠名於萬代，求知己於將來，豈能竟見知於今日，標格於一時乎？

標格：風範，風度。

晉・葛洪《抱朴子・重言》

處世修養

雖有忮心者，不怨飄瓦。

忮（ㄓˋ）心：忌恨心。飄瓦：飄下來的瓦片。意謂雖有忌恨心，但不怨飄落下來打傷自己的瓦片，因瓦是無心的。

《莊子．達生》

欲勝人者先自勝，欲卑人者先自卑。

卑人：使人謙恭。

《文子．符言》

世俗之人皆喜人之同乎己，而惡人之異於己也。

《莊子．在宥》

知人者智，自知者明。勝人者有力，自勝者強。知足者富，強行者有志。不失其所者久，死而不亡者壽。

強行：堅持力行。所：道理。死而不亡：猶言身死道存。

《老子》三十三章

人莫鑑於流水而鑑於止水。

鑒：照影。流水：流動之水。止水：不流動之水。

《莊子・德充符》

自細視大者不盡，自大視細者不明。

不盡：不見盡頭。不明：看不清。

《莊子・秋水》

學視者先見輿薪，學聽者先聞撞鐘。

輿薪：滿車的柴，比喻大而顯見的事物。

《列子・仲尼》

用管窺天，用錐指地。

意謂從竹管裡望天，用錐子量地，所用的方法難以達到目的。

《莊子・秋水》

舉善不以窅窅，拾過不以冥冥。

窅窅（ㄧㄠˇ）：隱晦。拾過：揭發過錯。冥冥：含糊不明的樣子。

《鶡冠子・天則》

善人者，不善人之師；不善人者，善人之資。不貴其師，不愛其賢，雖智大迷，是謂要妙。

善人：好人。不善人：不好的人。資：借鑒。貴：尊重。要妙：重要而微妙。

《老子》二十七章

天之所助者，順也，心之所助者，信也。

意謂天所幫助的對象是順從天道的人，人所幫助的對象是誠信的人。

《周易．繫辭上》

爲無爲，事無事，味無味。大小多少，報怨以德。圖難於其易，爲大於其細，天下難事，必作於易；天下大事，必作於細，是以聖人終不爲大，故能成其大。未輕諾必寡信，多易必多難，是以聖人猶難之，故終無難。

意謂把無為當作為，把無事當作事，把無味當作味。不管人們有多少怨恨，我都以德報答。打算克服煩難的事，要在它還容易解決時著手，成就大的事業，則要從細微的地方做起。天下的難事一定開始於簡單的，天下的大事一定開始於細小的。因聖人始終不做大事，所以才能完成大事。輕易地承諾一定缺少信用，將事情看得簡單的勢必遭到困難，因此，聖人遇事不敢輕忽，所以他終能免於困難。

《老子》六十三章

使我介然有知，行於大道，唯施是畏。

介然：堅實。唯：只有。施：邪道。意謂假如我掌握了確實的知識，我就順著大道走，唯恐走上邪路。

《老子》五十三章

人道惡盈而好謙。

盈：自滿。好（ㄏㄠˋ）：喜愛。

《周易・謙》

勞而不伐，有功而不德，厚之至也。

伐：自我誇耀。德：自以為有恩德。厚：敦厚。至：極點。

《周易・繫辭上》

不自見，故明；不自是，故彰；不自伐，故有功；不自矜，故長。夫唯不爭，故天下莫能與之爭。

見：同「現」。自是：自以為是。矜：驕傲自大。長：久長。

《老子》二十二章

兩喜必多溢美之言，兩怒必多溢惡之言。

兩：雙方。溢：過分。

《莊子．人間世》

亂之所生也，則言語爲階。君不密，則失臣；臣不密，則失身；機事不密，則害成；是以君子愼密而不出也。

階：指「媒介」。不出：不隨便發言。

《周易．繫辭上》

生無爵，死無謚，實不聚，名不立，此之謂大人。狗不以喜吠爲良，人不以善言爲賢，而況爲大乎？

爵：官爵。謚：人死後的號稱「謚號」。實：財貨。

《莊子．徐無鬼》

傳其常情，無傳其溢言。

傳：傳達。常情：合理的話。溢言：過分誇大的言語，即不實之詞。

行雖至卓，不離高下；言雖至工，不離是非；能雖至神，不離巧拙；貌雖至殊，不離妍醜。

《莊子・人間世》

至：十分。卓：高超。工：巧妙。神：不尋常。殊：特出。妍（ㄧㄢˊ）：美。

《關尹子・三極》

慎爾言，將有和之；慎爾行，將有隨之。

《列子・說符》

慎：謹慎。爾：你。

天下無全功，聖人無全能，萬物無全用。

《列子・天瑞》

全：完備，齊全。

至人之用心若鏡，不將不迎，應而不藏，故能勝物而不傷。

《莊子・應帝王》

意謂至人的用心猶如鏡子，任物的來去而不加迎送，如實反映而無所隱藏，所以能夠勝物而不被物所損傷。

樂天知命，故不憂；安土敦乎仁，故能愛。

樂天：樂於聽從天道的安排。知命：知守性命的分限。安土：安於故土。

《周易・繫辭上》

尺蠖之屈，以求信也；龍蛇之蟄，以存身也。

尺蠖（ㄏㄨㄛˋ）：尺蠖蛾的幼蟲，行動時身體向上彎成弧狀，像用大拇指和中指量距離一樣，故名。信：通「伸」。蟄（ㄓˊ）：指動物冬眠時伏在土中不食不動。

《周易・繫辭下》

我有好爵，吾與爾靡之。

爵：古代一種酒器，這裡指酒。靡：分散而共享。

《周易・中孚》

既以為人己愈有，既以與人己愈多。

既：盡，完全。為人：幫助別人。與人：給予人。

《老子》八十一章

君子以思患而豫防之。

豫：事先有準備。

《周易・既濟》

達治亂之要者，遏將來之患。

晉・葛洪《抱朴子・用刑》

達：通達。要：綱要，要害。遏（ㄜˋ）：阻止。

至人消未起之患，治未病之疾。

晉・葛洪《抱朴子・地真》

有始者必有卒，有存者必有亡。

晉・葛洪《抱朴子・論仙》

能周小事，然後能達大事；能積小物，然後能成大物。

《關尹子・九藥》

周：通達。

將治大者不治細，成大功者不成小。

《列子・楊朱》

吾生於陵而安於陵，故也；長於水而安於水，性也；不知吾所以然而然，命也。

陵：高地。故：故常。長：成長。性：習性。命：順乎自然。

《莊子．達生》

鸞鳳食粒於庭，則受辱於雞鶩也。

粒：細小的食物。鶩（ㄨˋ）：鴨。

晉．葛洪《抱朴子．博喻》

君子居則觀其象，而玩其辭，動則觀其變，而玩其占。

意謂君子平時觀察卦爻的象徵，玩味所附的文辭，行動時，觀察卦爻的變化，玩味吉凶的占斷。

《周易．繫辭上》

重爲輕根，靜爲躁君。輕者失臣，躁則失君。

根：指基礎。靜為躁君：躁是動的意思，君，本義為尊，這裡意為主宰。輕：輕舉。失臣：失去基礎。失君：喪失主宰。

《老子》二十六章

欲剛，必以柔守之；欲強，必以弱保之。

《列子．黃帝》

剛柔相推而生變化。

《周易．繫辭上》

知士無思慮之變則不樂，辯士無談說之序則不樂，察士無淩誶之事則不樂，皆囿於物者也。

知士：智謀之士。辯士：口辯之士。談說之序：說得成條理。察士：好察之士。淩誶（ㄙㄨㄟˋ）：即「零碎」，指斤斤分辯。囿：侷限。物：身外之物。

《莊子．徐無鬼》

修辭立其誠。

辭：指文教，後通指文辭。誠：誠意。

《周易．乾》

多言數窮，不如守中。

數窮：多失。守中：守德於中。

《老子》五章

聖人後其身而身先，外其身而身存。

後其身：將自己放在別人後面。外其身：把自己置之度外，指無欲無求

，利萬物而不爭。《老子》七章

上善若水，水善利萬物而不爭，處眾人之所惡，故幾於道。居善地，心善淵，與善仁，言善信，正善治，事善能，動善時。夫唯不爭，故無尤。

上善：最高的善。幾：近，與近通。地：低下。淵：深水，指深沈。與：施予。正：為政。動善時：行動要合時宜。尤：怨尤。《老子》八章

持而盈之，不如其已；揣而銳之，不可長保；金玉滿堂，莫之能守；富貴而驕，自遺其咎。功成名遂身退，天之道。

持：持有。已：止。揣：捶擊，金屬之器，經捶擊變銳而易折。守：長久。自遺其咎：自己招徠禍殃。天之道：猶言符合天道。《老子》九章

太上下知有之，其次親之譽之，其次畏之，其次侮之。信不足焉，有不信焉。

意謂上古之君，人們僅知他的存在，次一等人們親近稱讚他，再次一等人們懼怕他，最次的人們輕蔑他。信任不夠，才有不信任的事發生。《老子》十七章

希言自然。

意謂少說話合乎自然。

《老子》二十三章

跂者不立，跨者不行，自見者不明，自是者不彰，自伐者無功，自矜者不長。

跂：踮起腳尖。跨：邁大步。

《老子》二十四章

大丈夫處其厚，不居其薄；處其實，不居其華。

大丈夫：猶言得道之君。實：忠信、樸實。華：虛榮浮華。

《老子》三十八章

天下之至柔，馳騁天下之至堅。無有入無間，吾是以知無爲之有益。

至柔：這裡指柔弱的水。至堅：指堅硬的金石。無有：指「道」。入：出入。無間：無間隙。

《老子》四十三章

不言之教，無爲之益，天下希及之。

不言之教：無言的教導。希及之：猶言都比不上。

《老子》四十三章

名與身孰親？身與貨孰多？得與亡孰病？甚愛必大費，多藏必厚亡。知足不辱，知止不殆，可以長久。

意謂虛名和身體哪個親？身體與財物哪個重要？得到與失去哪個有害？過分的貪求必定有更多的破費，過多的貯藏必有嚴重的損失。知道滿足，才不會有困辱，知道適可而止，才不會有危害。從而能長生久視。

《老子》四十四章

大成若缺，其用不弊；大盈若沖，其用不窮。大直若屈，大巧若拙，大辯若訥。躁勝寒，靜勝熱，淸靜爲天下正。

大成：最圓滿。弊：衰敗。沖：虛，與盈相對。窮：窮盡。大巧：指靈巧有才術。訥：言語遲鈍。勝：極點。正：準則。

《老子》四十五章

知者不言，言者不知。塞其兌，閉其門，挫其銳，解其紛，和其光，同其塵，是謂玄同。

兌：通穴，指耳目口鼻之類，這裡指目。門：人的孔竅，這裡指口。紛：糾紛。和其光，同其塵：意謂不炫耀光明，不鄙棄晦暗，成語有「和光同塵」。玄同：指與道相同。

《老子》五十六章

聖人方而不割，廉而不害，直而不肆，光而不耀。

方：指行為方正。割：割截，猶言強人就範。廉：有棱角。肆：膽大，放肆。

《老子》五十八章

其安易恃，其未兆易謀，其脆易破，其微易散，爲之於未有，治之於未亂。

意謂事物穩定時容易保持，事物還沒有變化的跡象時容易圖謀，脆弱的東西較易破碎，微細的東西容易消散。辨事要在還未萌芽之時著手，治理要在未出亂子時進行。

《老子》六十四章

江海所能爲百谷王者，以善下之，故能爲百谷王。

百谷王：百，指數量多，谷，溪谷，王，首領。以善下之：由於善居下游。

《老子》六十六章

天下皆謂我大，似不肖。夫唯大，故似不肖，若肖久矣，其細。

大：指「德」大。似不肖：猶言佯裝不賢、愚昧。細：渺小。

《老子》六十七章

善爲士者不武，善戰者不怒，善勝敵者不與，善用人者爲下。

士：指軍官。不武：不偏好武力。與：猶言相爭。為下：猶言謙下。

《老子》六十八章

抗兵相加，哀者勝矣。

《老子》六十九章

聖人自知，不自見，自愛，不自貴。

《老子》七十二章

天之道不爭而善勝，不言而善應，不召而自來，繟然而善謀。

繟（ㄔㄢ）：寬緩的樣子。

《老子》七十三章

天之道，損有餘而補不足；人之道則不然，損不足以奉有餘。孰能有餘以奉天下？唯有道者。是以聖人爲而不恃，功成而不處，其不欲見賢。

損：減少。然：這樣。奉：供給。不恃：這裡指不望回報。不處：不居功。

《老子》七十七章

天下柔弱，莫過於水，而攻堅強者莫知能勝，其無以易之。弱之勝強，柔之勝剛，天下莫不知，莫能行。

意謂天下沒有比水更柔弱了，但攻克堅硬的東西沒有能勝過它，也沒有東西可替代它。弱能勝強，柔能克剛，天下沒有人不知道，可沒有人肯實行。

《老子》七十八章

信言不美，美言不信。善者不辨，辨者不善。知者不博，博者不知。

信言：真實的話。知：指真知。

《老子》八十一章

天之道，利而不害，聖人之道，爲而不爭。

《老子》八十一章

舉世而譽之而不加勸，舉世而非之而不加沮，定乎內外之分，辯乎榮辱之境。

勸：奮勉。內外：內我外物。境：界限。

《莊子．逍遙遊》

若夫乘天地之正，而御六氣之辯，以遊無窮者，彼且惡乎待哉？

乘：順應。正：規律、法則。御：駕馭。六氣之辯：辯即變，六氣的變化。惡乎待哉：有什麼依恃的呢。

《莊子．逍遙遊》

至人無己，神人無功，聖人無名。

無己：指讓自己的精神脫離肉體，與萬物相通。

《莊子．逍遙遊》

道不欲雜，雜則多，多則擾，擾則憂，憂而不救。古之至人，先存諸己而後存諸人。所存於己者未定，何暇至於暴人之所行。

不救：不能自救。存諸：猶指充實。

《莊子．人間世》

古之真人，不逆寡，不雄成，不謨士。若然者，過而弗悔，當而不自得也；若然者，登高不栗，入水不濡，入火不熱。

古之真人，其寢不夢，其覺無憂，其食不甘，其息深深。

古之真人，不知說生，不知惡死，其出不訢，其入不距；翛然而往，翛然而來而已矣。

逆寡：違逆微少。雄成：自恃成功。謨士：即謀事。覺：醒。說：通「悅」。出：出生。訢：同「欣」。入：入死。距：同「拒」。翛（ㄒㄧㄠ）然：無束縛的樣子。

《莊子．大宗師》

游心於淡，合氣與漠，順物自然而無容私焉，而天下治矣。

意謂游心於恬淡之境，清靜無為，順著事物自然的本性而不用私意，天下就可以治理好了。

《莊子．應帝王》

牛馬四足，是謂天，落馬首，穿牛鼻，是謂人。故曰：無以人滅天，無以故滅命，無以得殉名。謹守而勿失，是謂反其真。

意謂牛馬生來有四隻腳，這是天然的，用轡頭絡在馬頭上，用繩子穿過牛鼻子，這是人為的。所以說，不要用人事去毀滅天然，不要用造作去毀滅性命，不要因貪得去求聲名。謹守這些道理而不違失，這就叫做回復到天然的本性。

《莊子．秋水》

道流而不明居，德行而不名處；純純常常，乃比於狂，削跡捐勢，不為功名。

無責於人，人亦無責焉。

　　道流：大道流行。明居：顯耀自居。名處：猶言自求名聲。純純常常：純樸平常。乃比於狂：同於愚狂。削跡捐勢：削除形位，捐棄權勢。無責：無求。

《莊子．山木》

其美者自美，吾不知其美也；其惡者自惡，吾不知其惡也。……行賢而去自賢之心，安往而不愛哉？

　　行賢而去自賢之心，安往而不愛哉：行為善良而能去除自我炫耀的心念，到哪裡會不被人喜愛呢？

《莊子．山木》

學者，學其所不能學也；行者，行其所不能行也；辯者，辯其所不能辯也。知止乎其所不能知，至矣。若有不即是者，天鈞敗之。

　　知：猶言知的探求。至矣：極點。天鈞：自然之性。

《莊子．庚桑楚》

敬之而不喜，侮之而不怒者，唯同乎天和者爲然。

　　天和：自然的和氣。為然：才能這樣。

《莊子．庚桑楚》

欲靜則平氣，欲神則順心，有爲也欲當，則緣於不得已，不得已之類，聖人之道。

意謂要寧靜就要平氣，要全神就要順心，有所為要得當，便因寄托於不得已，應事出於不得已，便是聖人之道。

《莊子．庚桑楚》

古之真人，以天待人，不以人入天。古之真人，得之也生，失之也死，得之也死，失之也生。

以天待人：以自然待人事。不以人入天：不用人事干預自然。

《莊子．徐無鬼》

知無用而始可與言用矣。

《莊子．外物》

易則易知，簡則易從，易知則有親，易從則有功。有親則可久，有功則可大；可久則慧人之德，可大則賢人之業。

意謂容易就便於了解，簡單就便於遵行，容易了解，就會使人親近，容易遵行，就能見到功效。有人親近，就能保持長久，有了功效，便能壯大。

能長久是有才能的人的智慧，能夠壯大，是有才能的人的事業。

《周易・繫辭上》

易簡，而天下之理得矣；天下之理得，而成位乎其中。

成位乎其中：確立人的地位在天與地之間並列於天地。

《周易・繫辭上》

聖人以通天下之志，以定天下之業，以斷天下之疑。

《周易・繫辭上》

夫大人者，與天地合其德，與日月合其明，與四時合其序，與鬼神合其吉凶。

四時：四季。

《周易・乾》

知進退存亡，而不失其正者，其唯聖人乎。

正：正當。

《周易・乾》

君子以厚德載物。

厚德載物：以寬厚的德行負載萬物。

《周易・坤》

君子敬以直內，義以方外，敬義立，而德不孤。

《周易．坤》

意謂君子以敬慎的態度使內行正直，以正義的準則規範行為。敬慎與正義確立，他的德行便不會孤立。

謙尊而光，卑而不可踰，君子之終也。

《周易．謙》

意謂謙虛受到尊敬發出光彩，在卑賤時也保持謙虛，君子能夠有始有終。

君子以非禮弗履。

《周易．大壯》

弗履：不做。

君子以見善則遷，有過則改。

《周易．益》

遷：猶言追隨。

君子以施祿及下，居德則忌。

《周易．夬》

君子以行過乎恭，喪過乎哀，用過乎儉。《周易・小過》

過：過於，猶言稍過。

君子以思患而豫防之。《周易・既濟》

豫：即預。

成不貴乎天地，敗不怨乎陰陽。《黃帝陰符經》

至人者，上窺青天，下潛黃泉，揮斥八極，神氣不變。《列子》

揮斥八極：揮斥，奔放；八極，最邊遠的地方。

至信之人，可以感物也，動天地，感鬼神，橫六合而無逆者。《列子》

意謂最講信用的人，是可以感動事物的，能感動天地，感動鬼神，能橫絕天下而沒有反對者。

凡順之則喜，逆之則怒，此有血氣者之性也。然喜怒豈妄發哉？《列子》

欲剛必以柔守之，欲強必以弱保之，積於柔必剛，積於弱必強。

《列子》

不可爲者雖鬼神不能爲也，不可成者雖天地不能成也。

晉．葛洪《抱朴子．論仙》

有道之主，含垢善恕，知人心之不可同，處世之各有志，不逼不禁，以崇光大，上無嫌恨之褊心，下有稱意之至歡。

含垢善怒：容忍污垢，善於寬恕。褊（ㄅㄧㄢˇ）心：心地狹窄。稱（ㄔㄣˋ）意：滿意。至歡：最大的快樂。

晉．葛洪《抱朴子．釋滯》

夫道者，其爲也，善自修以成務；其居也，善取人所不爭；其治也，善絕禍於未起；其施也，善濟物而不德；其動也，善觀民以用心；其靜也，善居慎而無間。

不德：不居德。

晉．葛洪《抱朴子．明本》

至言逆俗耳，真語必違眾。

意謂深切中肯的言論是不順於俗人的，真切實在的話語必然不合大眾的要求。

晉．葛洪《抱朴子．辯問》

或有怠厭而中止，或有怨恚而造退，或有誘於榮利，而還修流俗之事，或有敗於邪說，而失其淡泊之志，或朝為而夕欲其成，或坐修而立望其效。若夫睹財色而心不戰，聞俗言而志不沮者，萬夫之中，有一人為多矣，故為者如牛毛，獲者如麟角也。

晉．葛洪《抱朴子．極言》

怠厭：怠慢厭惡。怨恚（ㄏㄨㄟˋ）：怨恨、憤怒。造退：開始退卻。戰：通「顫」，顫動。牛毛：比喻多而無價值。麟角：比喻稀有而具價值。

失之東隅，收之桑榆，墜井引綆，愈於遂沒。

晉．葛洪《抱朴子．勤求》

失之東隅，收之桑榆：東隅，東角，因日從東角出，故以東隅指早晨；桑榆，指日落時餘光所在處，謂晚暮。綆（ㄍㄥˇ）：汲水桶上的繩索。愈：勝過。

人誰無過，過而能改，日月之蝕，睎顏氏之子也。

睎顏氏之子：睎，望；顏氏之子，顏回。

晉・葛洪《抱朴子・勤求》

凡事無巨細，皆宜得要，若不得其法，妄作酒漿醬醋羹臛猶不成，況大事乎？

巨細：大小。得要：懂得要領。臛（ㄏㄨㄛˋ）：肉羹。

晉・葛洪《抱朴子・黃白》

至人消未起之患，治未病之病，醫之於無事之前，不追之於既逝之後。

即逝：已經過去。

晉・葛洪《抱朴子・地真》

離敗則肝膽爲胡越，合異則萬殊而一和，切論則秋霜春肅，溫辭則冰條吐葩，摧高則峻極頹淪，竦卑則淵池嵯峨。

竦（ㄙㄨㄥˇ）卑：肅敬卑下。嵯峨：高峻的樣子。

晉・葛洪《抱朴子・嘉遁》

明哲以保身，宣化以濟俗。

宣化：宣傳教化。

晉・葛洪《抱朴子・嘉遁》

若令各守洗耳之高，人執耦耕之分，則稽古之化不建，英明之盛不彰，明良之歌不作，括天之網不張矣。故藏器者珍於變通隨時，英逸者貴於吐奇撥亂。

洗耳：表示厭聞世事。耦（ㄡˇ）耕：兩人各持一耜並肩而耕。稽古：稽考古道。藏器者：指有才能的人。

晉・葛洪《抱朴子・嘉遁》

至人無爲，棲神沖漠，不役志於祿利，故害辱不能加也，不躊躇於險途，故傾墜不能爲患也。

棲神沖漠：棲神，道家修煉術，靜心專一而養神，靜養元神，沖和淡漠。役：驅使。

晉・葛洪《抱朴子・嘉遁》

玄黃遐邈，而人生倏忽，以過隙之促，托罔極之間，迅乎猶奔星之暫見，飄乎似飛矢之電經，聊且優游以自得，安能苦形於外物。

玄黃：天地。過隙之促：過隙，白駒過隙，比喻時間短促。托：托付，寄托。罔極：無窮，久遠。奔星：流星。暫見：見，現，短時間的閃現。

晉・葛洪《抱朴子・嘉遁》

尋微以知著，原始以見終。

晉・葛洪《抱朴子・嘉遁》

尋微：探尋細微。著：顯著。原始：探究事物的起源。

安貧者以無財爲富，甘卑者以不仕爲榮。

晉・葛洪《抱朴子・嘉遁》

入而不出者，謂之耽寵忘退，往而不反者，謂之不仕無義。故達者以身非我有，任乎所値，隱顯默語，無所必固，時止則止，時行則行。

晉・葛洪《抱扑子・嘉遁》

耽寵：沈迷於寵恩。反：返。不仕：仕，通「事」，不懂以功業為事。

任乎所值：猶言擔任的與自己能力相稱。

君子思危於未形，絕禍於方來。

晉・葛洪《抱扑子・逸民》

未形：沒有成形。方來：剛要來臨。

太上無己，其次無名，能振翼以絕群，騁跡以絕軌，爲常人所不能爲，割近才所不能割。

割：捨。

少多不爲凡俗所量，恬粹不爲名位所染，淳風足以濯萬代之穢。

晉．葛洪《抱扑子．逸民》

為：被。恬粹：猶言安然專一。濯：洗滌。

物各有心，安其所長，莫泰於得意，而慘於失所也，經世之士，悠悠皆是。

晉．葛洪《抱扑子．逸民》

泰：坦然。經世：治理世事。悠悠：悠閑自在，指一切順乎自然。

身名並全，謂之爲上，隱居求志，先民嘉焉，夷齊一介，不合變通，古人嗟嘆，謂不降志辱身。不降者，明隱逸之爲高也，不辱者，知羈摯之爲誇也。

晉．葛洪《抱扑子．逸民》

先民：古時的賢人。夷齊一介：夷齊，指商時伯夷、叔齊，一介，輕微。羈（ㄐㄧ）摯：羈，在外作客，摯，攫取，這裡指伯夷叔齊，雖商被周亡，而不食周粟而死。

大聖著經，資父事君。

晉．葛洪《抱扑子．良規》

資父：有資略的男子。

寬以愛人，則得眾；悅以使人，則下附。

悅以使人：和悅地指使人。

晉・葛洪《抱扑子・用刑》

洗心而革面者，必若清波之滌輕塵。

洗心革面：滌除內心邪惡，改變舊日面目。

晉・葛洪《抱扑子・用刑》

一味不能合伊鼎之甘，獨木不能致鄧林之茂，玄圃極天，蓋由眾石之積，南溟浩漾，實須群流之赴。

玄圃：仙境。南溟（ㄇㄧㄥˊ）：南方的大海。

晉・葛洪《抱扑子・交際》

告我以過則速改而不憚，不以忤彼心而言，不以逆我耳而不納，不以巧辭飾其非，不以華辭文其失，不形同而神乖，不匿情而口合，不面從而背憎，不疾人之勝己。

不憚：不害怕。文其失：掩飾自己的過失。形同而神乖：猶言表面相同而精神背離。

晉・葛洪《抱扑子・交際》

勞謙虛己則附之者衆，驕慢倨傲則去之者疾也。

疾：快速。

晉・葛洪《抱扑子・刺驕》

知禮在於廩實，博施由乎貨豐，高出於有餘，儉生乎不足。

廩（ㄌㄣˇ）：糧倉。

晉・葛洪《抱扑子・守𡧍》

明哲消禍於未來，知士聞利則慮害。

晉・葛洪《抱扑子・安貧》

登峻者戒在於窮高，濟深者禍生於舟重。

濟深：渡深水。

晉・葛洪《抱扑子・博喻》

貴遠而賤近者，常人之用情也，信耳而凝目者，古今之所患也。

信耳凝目：猶言相信道聽途說，而不懷疑親眼所見。

晉・葛洪《抱扑子・廣譬》

奔驥不能及既往之失，千金不能救斯言之玷，故博施者未若防其微，勤求者不如寡其辭。

晉·葛洪《抱扑子·廣譬》

智小敗於謀大，轅弱折於載重。

轅：車前駕牲畜用的直木或曲木，壓在車軸上，伸出車輿的前端。

晉·葛洪《抱扑子·知止》

審時者何怨於沈潛，知命者何恨於卑瘁。

卑瘁：衰微困病。

晉·葛洪《抱扑子·窮達》

玩憑河者數溺於水，好劇談者多漏於口。

晉·葛洪《抱扑子·重言》

古人隨遇而安，雖遇毒蛇猛獸，與之同居，親若兄弟，況同類之人乎？

《唱道真言》

有度量人，有學問人。

《唱道真言》

彼以逆來，我以順受，彼以嗔至，吾以喜當。幽蘭生於蕭艾之中，未嘗自別於蕭艾，而芬芳自吐，行者顧而愛之。鶴立雞鶩之中，未嘗自標風韻，而儀度蹁躚，自有凌霄之志。

《唱道真言》

蕭艾：猶指荒草。雞鶩：雞鴨。

學人立志，貴乎真，其持己也，貴乎雅飭，而與人交，又貴乎春風和氣。兼是三者，方可謂有道之士，出世入世，無往不宜。

《唱道真言》

雅飭（ㄔˋ）：高尚、端正。

罪莫大於淫，禍莫大於食，咎莫大於僭。此三者，禍之車也。小則亡身，大則殘家。

《諸真語錄》

咎（ㄐㄡˋ）：災殃。僭（ㄐㄧㄢˋ）：虛假。禍之車：比喻淫食僭是災禍的承載體。

口舌者，禍害之宮，危亡之府。語言者，大命之所屬，刑禍之所部也。言出患入，言失身亡。故聖人者當言而懼，發言而憂，常如臨危履冰。以大居小，以富居貧，處盛卑之谷，游大賤之淵。

口舌：指搬弄是非。所屬：所附屬。所部：統轄。

《七部語要》

穢言出口，穢物入脣，喪爾之命，昏爾之神。

《太上無極混元一氣度人妙經》

君子居其室，出其言善，則千里之外應之。

應：響應。

東漢．魏伯陽《周易參同契．中篇》

言出乎身，加乎民；行發乎邇，見乎遠；言行君子之樞機，樞機之發，榮辱之主也。言行，君子之所以動天地也，可不慎乎？

加乎民：對民眾產生影響。樞機：樞，門上的轉軸；機，弓箭的扳機，比喻非常緊要。

《周易．繫辭上》

君子以言有物，而行有恆。

物：具體內容。恆：一定的原則。

《周易．家人》

君子以果行育德。

果行：果敢的行動。

《周易·蒙》

第五章

其他篇

1 國家政治

2 用人之道

3 天地自然

4 哲理

國家政治

治大國若烹小鮮。

烹：煎。小鮮：小魚。

《老子》六十章

以正治國，以奇用兵。

正：指一般的正常的方法。奇：指富有變化的特殊方法。

《老子》五十七章

治國之難在於知賢而不在自賢。

知賢：曉得別人的賢能。自賢：自己賢能。

《列子・說符》

受國之垢，是謂社稷主；受國不祥，是謂天下王。

受：承受。垢，通詬，污辱、責難。社稷：國家。不祥：災難。

《老子》七十八章

天下之理，捨親就疏，捨本就末，捨賢就愚，捨近就遠，可暫而已，久則害生。

《關尹子・九藥》

捨：拋棄。就：接近。暫：短時。害生：有害於生存。

安而不忘危，存而不忘亡，治而不亂。

《周易・繫辭下》

爲之於未有，治之於未亂。

《老子》六十四章

為（ㄨㄟˊ）：指防止。未有：尚未發生之時。未亂：尚未發現動亂。

凡交，近則必相靡以信，遠則必忠之以言。

《莊子・人間世》

交：交往。靡：維繫。意謂大凡國與國相交，鄰近的國家就以信用來往，遠途的國家就用忠實可靠的語言維繫。

聖人不以一己治天下，而以天下治天下。

《關尹子・三極》

欲上民，必以言下之，欲先民，必以身後之。

《老子》六十六章

上民：指統治民眾。以：用。下：謙虛。先民：指領導民眾。身：自己。後：處於……之後。

魚不可脫於淵，國之利器不可以示人。

《老子》三十六章

脫：離開。利器：鋒利的兵器。這裡指治理國家的方法和手段。「國之利器」若輕示以人，則勢必大權旁落。

湯武革命，順乎天而應乎人。

《周易·革》

湯武：推翻夏朝建立商朝的領袖。革命：變革天命。

得時者昌，失時者亡。

《列子·說符》

時：時機。

聖人治，虛其心，實其腹，弱其志，強其骨，常使民無知無欲，使無知者不敢爲也，爲無爲，則無不治。

治：治國修身。虛其心：使心清虛自然。弱：柔和。知：通「智」。為無為：按「無為」辦事。

《老子》三章

貴以身爲天下者，則可寄於天下，愛以身爲天下者，乃可托於天下。

意謂貴己賤人治理天下的，只能收一時之效，愛身為民治理天下的，才能獲長治久安。

《老子》十三章

樂殺人者，則不可以得志於天下矣。

樂殺人：以殺人為樂。不可以：不可能。

《老子》三十一章

以正治國，以奇用兵，以無事取天下。

無事：指無為。

《老子》五十七章

我無爲而民自化，我好靜而民自正，我無事而民自富，我無欲而民自樸。

我：這裡泛指聖人。自化：猶言自然順化。正：忠正。

《老子》五十七章

天網恢恢，疏而不失。

恢恢：寬廣的樣子。喻天道如網，作惡者難逃懲罰。

《老子》七十三章

絕聖棄知，大盜乃至；擿玉毀珠，小盜不起；焚符破璽，而民樸鄙；掊鬥折衡，而民不爭。

擿（ㄓˊ）：義與「擲」同，猶言拋棄。璽（ㄒㄧˇ）：印。掊、折：擊破的意思。

《莊子．胠篋》

天道運而無所積，故萬物成；帝道運而無所積，故天下歸；聖道運而無所積，故海內服。

天道：自然規律。積：滯、停頓。

《莊子．天道》

正家而天下定矣。

正家：家庭都走入正規。

《周易．家人》

聖人以神道設教，而天下服矣。

神道：神秘的法則。設教：設立教化。

《周易・觀》

居子以明庶政，無敢折獄。

庶政：各種各樣政事。折獄：裁決訴訟。

《周易・賁》

君可以明慎用刑，而不留獄。

明慎用刑：洞明慎重而執行刑罰。不留獄：不拖延訟訴。

《周易・賁》

一人之身，一國之象也！胸腹之位，猶宮室也；四肢之列，猶郊境也；骨節之分，猶百官也；神猶君也；血猶臣也；氣猶民也。故知治身則能治國也。夫愛其民所以愛其國，養其氣所以全其身。民散則國亡，氣竭則身死。

晉・葛洪《抱朴子・地真》

君人者，必修諸己以先四海，去偏黨以平王道，遣私情以標至公，擬宇宙以籠萬殊，真僞既明於物外也。

君人：統治人。擬宇宙：像宇宙那樣。籠萬殊：吞納萬物。

晉．葛洪《抱朴子．君道》

金城湯池，未若人和。

金城湯池：比喻防守堅固的城池。

晉．葛洪《抱朴子．君道》

御之以術，則終始可竭也；整之以度，則參差可度也。

整：整肅，整頓。度：法度，標準。參差（ㄘㄣ ㄘ）：高低，長短不齊，不一致。

晉．葛洪《抱朴子．君道》

征伐則量力度時，不令百里有號泣之憤，誅戮則逆情任理，不使鴟夷有抱枉之魂。

逆情任理：不徇私情聽任真理。鴟（ㄔ）夷：皮製的口袋。古代有用來包裹屍體。抱枉：心抱冤枉。

晉．葛洪《抱朴子．君道》

怒不越法以加虐，喜不踰憲以厚遺，割情於所愛，而有犯者無赦，采善於所憎，而有勞者不逸，傾下門以納忠，聞逆耳而不諱，廣乞言於誹謗，雖委抑而不距，掩細瑕而錄大用，忘近惡而令遠功。

踰憲：超越法度。厚遺（ㄨㄟˋ）：厚贈。委抑：委曲。距：通「拒」。

晉．葛洪《抱朴子．君道》

根深則末盛矣，下樂則上安矣。馬不調，造父不能超千里之跡；民不附，唐虞不能致同天之美。

末：樹梢。調：調養。附：依附。唐虞：古國名，相傳為祁姓，堯的後裔，在今山西翼城西，為周成王所滅，後來成為其第叔虞的封地。致：達到。

晉．葛洪《抱朴子．君道》

人主不澄思於治亂，不深鑒於亡徵，雖目分百尋之秋毫，耳精八音之清濁，文則琳琅墮於筆端，武則鉤鉻推於指掌，心苞萬篇之誦，口播波濤之辯，猶無補於土崩，不救乎瓦解也。

澄思：明思。亡徵（ㄓㄥ）：滅亡的跡象。分：辨別。百尋：猶言樹大。鉤鉻（ㄍㄜ）：兵器名。心苞：心裡包含。苞，通「包」。波濤之辯：猶言口才雄辯。

晉．葛洪《抱朴子．君道》

中繩不顧私，明刑而不濫乎所恨，審賞而不加諸附己。不專命以招權，不含洿而談潔。進思進言以糾謬，退念推賢而不蔽，夙興夜寐，戚庶事之不康也；儉躬約志，若策奔於薄冰也。納謀貢士，不宣之於口；非義之利，不棲之乎心。立朝當以砥矢爲操，居己則以羔羊爲節。當危值難，則棄家而不顧。秉衡執詮，則平懷而無彼。

意謂合乎準繩而不徇私情，清明的刑法不能濫用於自己所恨的人，審慎的奬賞不能給依附自己的人。不獨斷專命以招徠大權，不自己不清而奢談尚潔。進思進言是用來修正謬誤，消除欲念推薦賢能不必遮掩。早晨起來晚上睡覺，應憂慮各種事務可能會出現毛病，反省自身就像奔跑在薄冰之上。納貢不必顯示在嘴上，不合道義的利，不要棲之於心。主持朝廷應當有平直的節操，平時則應有羔羊的節操。危難之際，則應捨家而不顧，堅持公平與真理，就可以心境平和沒有雜念。

晉．葛洪《抱朴子．臣節》

人臣勛不弘則恥俸祿之虛厚也；績不茂則羞爵命之妄高也。履信思順，無人攸贊，畏盈居謙，乃終有慶。舉足則蹈矩度，抗手則奉繩墨，褒重雖淹留，而侮辱亦必遠矣。若夫損上以附下，廢公營私，阿媚曲從，以水濟水，君舉雖謬，而諂笑贊善，數進玩好，陷主於惡，巧言毀政，令色取悅，上蔽人主之明，下杜進賢之路，外結出境之交，內樹背公之黨，雖才足飾非，言足文過，專威若趙高，擅朝如董卓，未有不身膏剡鋒，家靡湯火者也！

晉・葛洪《抱朴子・臣節》

弘：大。茂：多。履信思順：實行信用，考慮順從自然的變化。攸贊：所讚頌。慶：幸福。抗手：舉起手。猶指行為。淹留：停留、久留。蔽：蒙蔽。杜：杜絕。出境：猶指不忠者。趙高：秦朝宦宮，任郎中令，控制朝政，掌握大權，後殺李斯，任中丞相。董卓：東漢靈帝時，任並州牧，專斷朝政，殘暴專橫，後被王允、呂布所殺。身膏剡鋒，家靡湯火：猶指壞事做絕，自取滅亡。

莫不貴仁，而無能純仁以致治也；莫不賤刑，而無能廢刑以整民也。

晉・葛洪《抱朴子・用刑》

純仁：純粹的仁。致治：達到治理。

夫匠石不捨繩墨，故無不直之木；明主不廢戮罰，故無淩遲之政也。

晉・葛洪《抱朴子・用刑》

凌遲：俗稱「剮」。中國古代執行死刑最殘酷的一種方法。亦作「陵遲」。

繩曲則奸回萌矣，法廢則禍亂滋矣，亡國非無令也，患於令煩而不行；敗軍非無禁也，患於禁設而不正。

晉．葛洪《抱朴子．用刑》

繩曲：比喻法度不正。滋：滋生。

明君不釋法度，故機詐不肆其巧。

晉．葛洪《抱朴子．用刑》

釋：拋棄。通「捨」。不肆其巧：不顯露機巧。

明治病之術者，杜未生之疾；達治亂之要者，遏將來之患。

晉．葛洪《抱朴子．用刑》

杜：杜絕。遏：遏制。

當怒不怒，奸臣爲虎，當殺不殺，大賊乃發。

晉．葛洪《抱朴子．用刑》

明君制難於其易，去惡於其微。

晉．葛洪《抱朴子．用刑》

我清靜而民自正，我無欲而民自樸。

晉．葛洪《抱朴子．用刑》

我：這裡指君主。

多仁則法不立，威寡則下侵上。夫法不立則庶事汨矣；下侵上則逆節萌矣。

多仁：多施仁政。威寡：威望少。庶事汨：各種事務來擾亂。

晉．葛洪《抱朴子．用刑》

爲國有道而助之以刑者，能令慝僞不作，凶邪改志，若網絕網紊，得罪於天，用刑失理，其危必速。

慝僞：陰惡虛僞。網絕網紊：指法網紊亂。

晉．葛洪《抱朴子．用刑》

人君雖明並日月，神鑒未兆，然萬機不可以獨統，曲碎不可以親總。

未兆：還沒有跡象。萬機：紛繁的政務。曲碎：細碎小事。親總：親自統管。

晉．葛洪《抱朴子．審舉》

明者舉大略細，不忮不求，故能取威定功。

不忮（ㄓˋ）不求：不忌恨，不乞求。

晉．葛洪《抱朴子．百里》

人捨本而事末，則不一令，不一令，則不可守，不可以戰。人捨本而事末，則其產約，其產約，則輕流徙，輕流徙則國家時有炎患，皆生遠志，無復居心。人忘本而事末，則好智，好智則多詐，多詐則巧法令，巧法令則以是爲非，以非爲是。

《亢倉子・農道》

本：指農業生產。約：少。流徙：流浪移涉。巧：虛浮。

取天下常以無事，及其有事，不足以取天下。

《老子》四十八章

取：治。無事：指無為。及：到。

昔周文掩未埋之骨，而天下稱其仁，殷紂剖比干之心而四海疾其虐。

晉・葛洪《抱朴子・君道》

周文：商末周文王。殷紂：商代最後的君主。疾其虐：痛恨殷紂的暴虐。

用人之道

天生萬物，唯人爲貴。

《列子・天瑞》

先意承指者，佞諂之徒也；匡過弼違者，社稷之鯁也，必將伏斧鑕而正諫，據鼎鑊而盡言。

鯁：猶指耿直之人。斧鑕：即斧質。古代殺人的刑具。正諫：直言規勸。鼎鑊：古代一種酷刑，用鼎鑊烹人。

晉・葛洪《抱朴子・臣節》

招賢用才者，人主之要務也，立功立事者，髦俊所思也。若乃樂治定而忽智士者，何異欲致遠途而棄騏騄哉？

要務：重要的事業。髦俊：猶「髦英」，英俊傑出的人。

晉・葛洪《抱朴子・貴賢》

尾大於身者不可掉，臣賢於君者不可任。故口不容而強吞者必哽，才非匹而委仗之者見輕。

「尾大」句：比喻部屬勢力強大，不服從指揮調動。掉：猶擺動。

晉．葛洪《抱朴子．任能》

聖王莫不根心招賢，以舉才爲首務。

根心：徹底心誠。

晉．葛洪《抱朴子．審舉》

豺狼當路，則麒麟避遁，舉善而教，則不仁者遠矣。奸僞榮顯，則英傑潛逝。

晉．葛洪《抱朴子．審舉》

舉秀才，不知書；察孝行，父別居；寒清素白濁如泥，高等良將怯如雞。

高等：舊稱考試或官吏考績列入優等。

晉．葛洪《抱朴子．審舉》

以玉爲石者，亦將以石爲玉矣，以賢爲愚者，亦將以愚爲賢矣。以石爲玉，未有傷也，以愚爲賢者，亡之診也。

診：驗證。

晉．葛洪《抱朴子．擢才》

毀所畏而進所愛，所畏則至公者也，所愛則同私者也。至公用則奸黨破，眾私立則主威奪矣。奸黨破則升泰之所由也，主威奪則危亡之端漸也。

晉·葛洪《抱朴子·名實》

主威：君主之威。端漸：正開始。

同乎己者，未必可用，異於我者，未必可忽也。

晉·葛洪《抱朴子·清鑒》

貌望豐偉者不必賢，而形器尪瘁者不必愚，咆哮者不必勇，淳淡者不必怯。或外候同而用意異，或氣性殊而所務合，非若天地有常候，山川有定止也。物亦故有遠而易知，近而難料，譬猶眼能察天衢，而不能周項領之間，耳能聞雷霆而不能識螘虱之意。

晉·葛洪《抱朴子·清鑒》

尪（ㄨㄤ）瘁：瘠病，焦瘁。外候：猶言外表。常候：不變的氣候，猶指四季。定止：靜止。項領：肥大的脖子。螘虱（ㄧˇ ㄕ）：螘蟻。虱，虱子。

秉斤兩者，或捨銓衡而任情；掌柯斧者，或曲繩墨於附己。選之者，既不爲官擇人，而求之者，又不自謂不任，於是，蒞政而政荒，牧民而民散。

銓（ㄑㄩㄢˊ）衡：衡量輕重的器具，這裡有評量斟酌的操持法度的意思。牧民：統治百姓。

晉·葛洪《抱朴子·百里》

瓊艘瑤楫，無涉川之用，金弧玉弦，無激矢之能，是以介潔而無政事務，非撥亂之器，儒雅而乏治略者，非翼亮之才。

瓊、瑤：美玉。介潔：節操高尚。介：節操。翼亮：指臣子輔佐皇帝。

晉·葛洪《抱朴子·博喻》

偏才不足以輕周用，只長不足以濟眾短。

經周用：猶言沒大的用處。濟：幫助。

晉·葛洪《抱朴子·博喻》

銳鋒產乎鈍石，明火熾乎闇木，貴珠出乎賤蚌，美玉出乎醜璞。

璞：蘊藏有玉的石頭。

晉·葛洪《抱朴子·博喻》

用得其長，則才無或棄，偏詰其短，則觸物無可。

偏詰：片面指責。

晉·葛洪《抱朴子·博喻》

小疵不足以損大器，短疢不足以累長才。

晉．葛洪《抱朴子．博喻》

疢（ㄔㄣˋ）：病。

誅貴所以立威，賞賤所以勸善，罰上達則奸萌破，而非懦弱所能用也，惠下逮則遠人懷，而非儉吝所能辯也。

晉．葛洪《抱朴子．廣譬》

庸夫盈朝，不能使彝倫攸敘，英俊孤任，足以令庶事康哉。

晉．葛洪《抱朴子．廣譬》

彝倫：猶言倫常。

聖人之用人也，貴耳不聞之功，目不見之功，口不可道之功。《亢倉子．君道》

智者不疑事，識者不疑人。

《亢倉子．賢道》

其所得者顯而易識，其所失者，人不能紀耳。且夫所貴乎見俊才無名之中，料逸足乎吳坂之間；掇懷珠之蚌於九淵之底，指含光之珍於積石之中，若伯喈識絕音之器於烟燼之餘，平子剔逸響之竹於未用之前。

紀：通「記」。逸足：猶言捷足。掇（ㄉㄨㄛˊ）：拾取。指：示意，指點。伯喈（ㄐㄧㄝ）：漢蔡邕的字。蔡邕少博學，好辭章，精音律，善鼓琴，工書畫。絕音：猶言極美妙的音樂。

晉．葛洪《抱朴子．清鑒》

水不發昆山則不能揚洪流以東漸，書不出英俊則不能備致遠之弘韻。

晉．葛洪《抱朴子．鈞世》

天地自然

天地氤氳，萬物化醇。　《周易．繫辭下》

氤氳（ㄧㄣ ㄩㄣ）：意為陰陽之氣聚合。化醇：變化精醇。

風行水上，渙。　《周易．渙卦》

渙：散開的樣子。

大塊噫氣，其名爲風，是唯無作，作則萬竅怒號。　《莊子．齊物論》

大塊：指天地之間。噫（ㄧˋ）氣：氣由壅塞而變通。作：發起，這裡指風刮起來。萬竅：指所有洞穴。號（ㄏㄠˊ）：怒吼。

飄風不終朝，驟雨不終日。　《老子》二十三章

飄風：狂風。終朝（ㄓㄠ）：整個早晨。終日：整天。

天地革而四時成。 《周易．革》

革：改變、變化。

天地不仁，以萬物爲芻狗；聖人不仁，以百姓爲芻狗。天地之間，其猶槖籥乎？虛而不屈，動而愈出。 《老子》五章

不仁：不仁慈。芻（ㄔㄨˊ）狗：古代祭祀時用來祭神求福之物。祭祀結束，便丟棄，毫無顧惜，故言其不仁。意謂天地沒有什麼仁慈，讓萬物自生自滅，聖人沒有什麼仁慈，讓百姓自作自息。槖籥（ㄊㄛˊ ㄩㄝˋ）：風箱。屈：漢帛書乙本作「淈」（ㄍㄨˇ）：枯竭。整句意謂天地之間似風箱，雖空虛而風不盡，越動風越大。

天長地久，天地所以能長且久者，以其不自生，故能長生。 《老子》七章

以其不自生：因為它們不為自己生存。

道生一，一生二，二生三，三生萬物。

一：指道派生出來的混混沌沌之氣。二：指陰陽二氣。三：指清、濁、

和三氣，分別為天、地、人。

《老子》四十二章

萬物負陰而抱陽，沖氣而爲和。

負陰抱陽：指包涵陰陽兩個方面。氣：中虛之氣，元氣。和：調和。

《老子》四十二章

天地者，萬物之父母也，合則成體，散則成始。

意謂天地是萬物的本源。物質元素相合便形成物體，離散則成為另一物體結合的開始。

《莊子・達生》

廣大配天地，變通配四時，陰陽之義配日月，易簡之善配至德。

意謂《易經》的廣大與天地一般，因應變化與四季循環類似；陰陽交替的規律與日月運行相當，簡易的完美性，與至高無上的德行相配合。

《周易・繫辭上》

無往不復，天地際也。

意謂沒有只往不返的，這是天地間的自然法則。

《周易．泰》

日月得天，而能久照；四時變化，而能久成；聖人久於其道，而天下化成；觀其所恆，而天地萬物之情可見矣。

《周易．恒》

意謂日月依循自然法則，而能長久普照萬物，四季依循自然法則，而成變化永久，聖人永遠堅守正道，而成教化天下。觀察這一永恆的道理，就可發現天地萬物的真情了。

陰陽造化，萬物無偏。

《紫清指玄集》

陰中陽生而爲溫，則曰春也，是陽爲主而陰爲客，陽中又陽生而爲熱，則曰夏也，夏陽也。陽中陰生而爲涼，則曰秋也，是陰爲主而陽爲客，陰中又陰生而爲寒，則曰冬也。此天地之四時矣。

唐．施肩吾《西山群仙會真記》

人之巧，乃可與造化者同功乎。

《列子．湯問》

造化者：指天地，大自然。功：精善。

動靜有常，剛柔斷矣。方以類聚，物以群分，吉凶生矣。

意謂動靜是有一定規律的，所以剛柔也就分明。（由於事物的性向不同）同類聚合，萬物有了分離的群體，因此吉凶就產生了。

《周易．繫辭上》

陰陽不測之謂神。

不測：不可測知。神：神妙。

《周易．繫辭上》

闔戶謂之坤，辟戶謂之乾；一闔一辟謂之變，往來不窮謂之通。

闔（ㄏㄜˊ）：通「合」、戶：門。辟：開。

《周易．系辭上》

天地盈虛，與時消息。

消息：消滅和增長。

《周易．豐》

哲理

日計之而不足，歲計之而有餘。

意謂以短暫的時日來看覺得不足，以長久的歲月來計算卻是有餘。

《莊子·庚桑楚》

人生天地之間，若白駒之過郤，忽然而已。

白駒：駿馬。郤（ㄒㄧˋ）：空隙。忽然：時間很短。

《莊子·知北遊》

播糠眯目，則天地四方易位矣。

播：撒。眯（眯）：灰沙等物入目。

《莊子·天運》

官達者，才未必當其位；譽美者，實未必副其名。

達：顯貴。當（ㄉㄤ）：適合。副：符合。

晉·葛洪《抱朴子·博喻》

藏器於身，待時而動。

器：指才能。

《周易．繫辭下》

安危相易，禍福相生，緩急相摩，聚散以成。

易：變化。摩：交替。

《莊子．則陽》

來世不可待，往世不可追。

待：期待。追：追回。

《莊子．人間世》

福輕乎羽，莫之知載；福重乎地，莫之知避。

意謂幸福比羽毛還要輕，卻不知道摘取。災禍比大地還重要，卻不知道迴避。

《莊子．人間世》

天下有道，聖人成焉；天下無道，聖人生焉。

成：成就事業。生：保全生命。

《莊子．人間世》

子非魚，安知魚知樂？

子非我，安知我不知魚之樂。

《莊子・秋水》

天地有大美而不言，四時有明法而不議，萬物有成理而不說。聖人者，原天地之美而達萬物之理，是故至人無爲，大聖不作，觀於天地之謂也。

明法：明顯的規律。至人無為：至人順任自然。大聖不作：大聖不妄自造作。觀於天地之謂：取法於天地的緣故。

《莊子・知北遊》

自其異者視之，肝膽楚越也；自其同者視之，萬物皆一也。

意謂從萬物相異的方面去看，肝和膽就如同楚國和越國相距那麼遠，從萬物相同的方面去看，萬物都是一樣的。

《莊子・德充符》

天有所短，地有所長；聖有所否，物有所通。

否（ㄆㄧˇ）：塞，不通。

《列子・天瑞》

一尺之捶，日取其半，萬世不竭。

箠（ㄔㄨㄟˊ）：通「棰」，杖。取：折。意謂物質可以無限分割，今天取其一半，明天取其一半的一半，後天再取其一半的一半的一半，這樣，總有一半留下，故萬世不竭。

《莊子・天下》

江河之流，不能盈無底之器也。
晉・葛洪《抱朴子・極言》

盈：裝滿。

天下同歸而殊涂，一致而百慮。
《周易・繫辭下》

殊：不同。涂：同「途」，道路。一致：同一目的。百慮：各種不同的思考。

無平不陂，無往不復。
《周易・泰》

無、不：沒有。陂（ㄆㄛ）：傾斜不正。復：返。

萬物一也，是其所美者爲神奇，其所惡者爲臭腐；臭腐復化爲神奇，神奇復化爲臭腐。

一：一體。

《莊子．知北遊》

天下理無常是，事無常非。先日所用，今或棄之；今之所棄，後或用之。

常是：永遠正確。常非：永遠錯誤。先日：從前。

《列子．說符》

爭魚者濡，爭獸者趨，非樂之也。

意謂爭著捕魚的人常沾濕了身體，爭著捕獸的人常要不停奔跑，這並非是快樂的事情。

《列子．說符》

天下萬物生於有，有生於無。

有：指天地，因天地有形，故稱有。無：指道，因道無形，故稱無。

《老子》四十章

世人好小術，不審道淺深，棄正從邪經，欲速闞不通。猶盲不任杖，聾者聽宮商，沒水捕雉兔，登山索魚龍，植麥欲獲黍，運規以求方，竭力勞精神，終年不見功。

小術：旁門左道。審：考察。閼（ㄜˋ）：阻塞。任：信任，指依賴。宮商：五音的頭兩字，指音樂。沒：入。雉兔：泛指生活在陸地上的動物。魚龍：泛指生長在水中的動物。黍：黍米。規：畫圖的工具。方：方形。

東漢・魏伯陽《周易參同契・中篇》

小知不及大知，小年不及大年。朝菌不知晦朔，蟪蛄不知春秋。

小年：壽命短。大年：壽命長。朝菌：指朝生暮死的蟲子。晦朔：月的終結，指一個月時光。蟪蛄（ㄏㄨˋ ㄍㄨ）：寒蟬，春生夏死，夏生秋死。

《莊子・逍遙遊》

物無非彼，物無非是。自彼則不見，自是則知之。故曰彼出於是。是亦因彼。

意謂世上的事物沒有不足「彼」的，也沒有不是「此」的，從他物那方面就看不見這方面，從自己這方面來了解就知道了。所以彼方是出於此方對待而來的，此方也因著彼方對待而成的。

《莊子・齊物論》

絕跡易，無行地難。

意謂不走路容易，走路不留行踪便困難。

《莊子·人間世》

鑑明則塵垢不止，止則不明也。

鑑：鏡子。止：落。

《莊子·德充符》

德有所長，形有所忘。人不忘其所忘，而忘其所不忘，此謂誠忘。

意謂德性過人，形體上的殘缺就會被人遺忘。人們如果不遺忘所應當遺忘的，而遺忘所不應當遺忘的，這才是真正的遺忘。

《莊子·德充符》

年不可舉，時不可止；消息盈虛，終則有始。

舉：存留。消息盈虛：消滅、生長、充實、空虛。

《莊子·秋水》

物之生也，若驟若馳，無動而不變，無時而不移。

若驟若馳：猶如快馬奔馳。

《莊子·秋水》

目徹爲明，耳徹爲聰，鼻徹爲顫，口徹爲甘，心徹爲知，知徹爲德。

《莊子・外物》

徹：通。顫：鼻子靈敏。

夫易，聖人之所以極深而研幾也。惟深也，故能通天下之志；惟幾也，故能成天下之務；惟神也，故不疾而速，不行而至。

《周易・繫辭上》

意謂《易經》，聖人用來究極事理的深奧，研制事機的微妙。由於它的深奧，所以能貫通天下人的心志，由於它的微妙，所以能成就天下的事務。由於如此神奇，所以看不到快速，卻能快速，看不到行進，卻能達到目的。

天地變化，草木蕃；天地閉，賢人隱。

《周易・坤》

蕃：茂盛。閉：閉塞。

小人道長，君子道消也。

《周易・否》

火生於木，火發而木焚；奸生於國，奸成而國滅。木中藏火，火始於無形，

國中藏奸，奸始於無象。《黃帝陰符經》

必死則生，幸生則死。恩者害之源，害者恩之源。

必死：視死如歸。幸生：猶指僥幸活命。《黃帝陰符經》

天地之道，非陰則陽；聖人之教，非仁則義；萬物之宜，非柔則剛。《列子》

物損於彼者盈於此，成於此者虧於彼；損盈成虧，隨世隨死，往來相接，間不可省。

世：生。《列子》

言天地壞者亦謬，言天地不壞者亦謬。壞與不壞，吾所未能知也。雖然，彼一也，此一也。故生不知死，死不知生，來不知去，去不知來。

雖然：雖是這樣。《列子》

人有濱河而居者，習於小，勇於泅。操舟鬻渡，利供百口，里糧就學者成徒，而溺死者幾半。本學泅，不學溺。

濱河：河邊。鬻：賣。

《列子》

樂極則哀集，至盈必有虧，故曲終則歡發，宴罷則心悲也。

晉．葛洪《抱朴子．暢言》

盛夏宜暑，而夏天未無涼日也；極陰宜寒，而嚴冬未必無暫溫也。

晉．葛洪《抱朴子．論仙》

修途之累，非移晷所臻，凌霄之高，非一簣之積。然升峻者，患於垂上而力不足，爲道者，病於方成而志不遂。千倉萬箱，非一耕所得，千尺之木，非旬日而長，不測之淵，起於汀瀅，陶朱之資，必積百千。

晉．葛洪《抱朴子．極言》

修途：修道之途。移晷（ㄍㄨㄟˇ）：猶移日。臻：到達。簣（ㄎㄨㄟˋ）：盛土的竹器。升峻：登高。不測之淵：難以測量的深潭。汀瀅（ㄊㄧㄥ ㄧㄥˊ）：小水流。

寒暑代謝，否終則泰。

否（ㄆㄧˇ）：天地交謂之「泰」，不交謂之「否」。「泰」則亨通，「否」就失利。整句意謂事物的對立轉化。

晉・葛洪《抱朴子・勗學》

見三苗之傾殄，則知川源之未可峙也；覩翳幽之不守，則覺嚴嶮之不足賴也。

意謂看見莊稼片刻被毀，就可曉得大地是不可依恃的，看見隱蔽的東西難以守持，就懂得高山是不值得依賴的。

晉・葛洪《抱朴子・君道》

車傾於險途，國覆而不振也，故良駿敗於拙御，智士躓於闇世。

拙御：笨拙的御手。躓（ㄓˋ）：被絆倒。

晉・葛洪《抱朴子・官理》

夫君猶器也，臣猶物也，器小物大不能相受矣。

受：容納。

晉・葛洪《抱朴子・官理》

眾力併則萬鈞不足舉也，群智用則庶績不足康也。

併：合。萬鈞：猶言極重，鈞，古代重量單位，三十斤曰鈞。庶績：各

種事功。晉・葛洪《抱朴子・務正》

捨輕艘而涉無涯者，不見其必濟也；無良輔而羨隆平者，未聞其有成也。晉・葛洪《抱朴子・貴賢》

濟：渡。良輔：良臣，賢良的輔佐者。隆平：盛世，昇平。

二豎之疾既據，而募良醫；棟橈之禍已集，而思謀夫，何異乎火起乃穿井，覺飢而占田哉？晉・葛洪《抱朴子・貴賢》

二豎：病魔。豎：小孩。既據：已生成。棟橈之禍：比喻國家滅亡之災。棟橈：房屋的正樑彎曲。橈：通「撓」，彎曲。

刻舟以摸遺劍，參天而射五步，擐犀兕之甲，以涉不測之淵，袗卻寒之裘，以御郁隆之暑，踵之解結，頤之搔背，其爲憒憒，莫此之劇矣。

刻舟句：即刻舟求劍。語出《呂氏春秋》，比喻拘泥固執，不知變通。參天而射五步：語出《淮南子》：「越人學遠射，參天而發，適在五步之內。參天，直向天空，袗（ㄓㄣˇ）穿單衣。踵（ㄓㄨㄥˇ）：腳後跟。頤：腮，下巴。憒憒（ㄎㄨㄟˋ）：昏亂，糊塗。

晉·葛洪《抱朴子·用刑》

俗儒徒聞周以仁興，秦以嚴亡，而未覺周所以得之不純仁，而秦所以失之不獨嚴也。

意謂俗儒只聽說周是因為行仁義而興旺，秦是因為嚴酷而滅亡。而不知道周所以能得天下，是因為不純粹是仁義，而秦所以失敗也不單是嚴酷的道理。

晉·葛洪《抱朴子·用刑》

華霍所以能崇極天之峻者，由乎其下之厚也。

華霍：華，西嶽華山；霍，霍山，古稱南嶽。這裡泛指高山。

晉·葛洪《抱朴子·審舉》

刀尺顛倒者，則恐人之議己也，達不由道者，則患言論之不美也。

刀尺：剪刀和尺。這裡比喻取捨、衡量人才的權力。達不由道：指道德所練不夠。患：怕。

晉·葛洪《抱朴子·審舉》

骨塡肉補之藥，長於養體益壽，而不可以救暍溺之急也；務寬含垢之政，可以莅敦御樸，而不足以拯衰弊之變也。虎狼見逼，不揮戈奮劍，而彈琴詠詩，吾未見其身可保也；燎火及室，不奔走灌注，而揖讓盤旋，吾未見其焚之自息也。

晉・葛洪《抱朴子・審舉》

暍（ㄧㄝ）溺：暍，中暑，溺，淹沒。務寬含垢：猶言寬容。莅（ㄌㄧˋ）敦御樸：猶言敦樸之風會來臨形成。見逼：被逼。燎火：放火燃燒。

猛虎能吼雷霆以搏噬，而不能踴雲霧而凌虛，鴻鵾不能振翅於籠罩之中，輕鷂不能電擊於几筵之下。物既然矣，人亦如之。

晉・葛洪《抱朴子・備闕》

凌虛：高入天空。鴻鵾（ㄎㄨㄣ）：猶言大鳥。几筵：茶几竹席。

天不能平其西北，地不能隆其東南，日月不能摛光於曲穴，沖風不能揚波於井底，擿齒則松櫝不及一寸之筳，挑耳則棟樑不如鷦鷯之羽，彈鳥則千金不及丸泥之用，縫緝則長劍不及數分之針。

摛（ㄔ）光：流光。摛，傳播。曲穴：小的洞穴。沖風：疾風。擿（

ㄊㄧˋ）齒：剔牙齒。擿，搔爬。松檟（ㄐㄧㄚˇ）：松樹楸樹。筵（ㄧㄢˊ）：絡絲的用具。鷦鷯（ㄐㄧㄠ ㄌㄧㄠˊ）：一種小鳥名。數分：幾分。分，長度單位，十厘為一分。

晉．葛洪《抱朴子．備闕》

騄騏之足，雖未飛走，輕迅可必也；豪曹之劍，徐氏匕首，雖未奮擊，其立斷無疑也。駁子有吞牛之容，鶚鷇有淩鷙之貌。卉茂者土必沃，魚大者水必廣。虎尾不附狸身，象牙不出鼠口。

豪曹：劍名，傳說為越王勾踐的五把寶劍之一。駁子：獸名，倨牙，食虎豹。鶚鷇（ㄎㄡˋ）：鶚，魚鷹。鷇，待哺的雛鳥。鷙（ㄓˋ）：凶猛的鳥。

晉．葛洪《抱朴子．清鑒》

茅蓬不能動萬鈞之鏗鏘，侏儒不能看重仞之弘麗。……夫非漢濱之人，不能料明珠於泥淪之蚌，非泣血之民，不能識夜光於重岸之里；蟭螟屯蚊眉之中，而笑彌天之大鵬，寸鮒游牛跡之水，不貴橫海之巨鱗，故道業不足以相涉，聰明不足以相逮，理自不合，無所多怪。

重仞：猶言高山。弘麗：弘大美麗。漢濱：猶言水邊。泣血：因親喪而悲傷之極。彌天：滿天，極言其大。寸鮒：小的鯽魚。相涉：相關。逮（ㄉㄞˋ）：及、到。

晉．葛洪《抱朴子．刺驕》

百尋之寶，撓於分寸之　，千丈之陂，潰於一蟻之穴。

晉．葛洪《抱朴子．百里》

北辰以不改爲眾星之尊，五嶽以不遷爲群望之宗，蟋蟀屢移而不貴，禽魚厭深則逢患。

北辰：北極星。

晉．葛洪《抱朴子．守　》

閬風玄圃，不借高於丘垤，懸黎結綠，不假觀於瓊珉。是以英偉不群，而幽蕙之芳駭，峻概獨立，而眾禽之向振。

閬（ㄌㄤˋ）風玄圃：閬風，山名，在崑崙之巔，為仙人所居。玄圃，仙人所居之地。在崑崙山上。丘垤：小土阜。懸黎結綠：懸黎和結綠都是美玉名。瓊珉：瓊，玉。珉，似玉的美石。駭：散發。峻概：崇高的節操。向振：朝著飛來。

晉．葛洪《抱朴子．博喻》

沖飆傾山，而不能效力於秋毫，火鑠金石，而不能耀烈於汜溼。

沖飆：疾風。汜溼：不流通的小溝渠。

晉・葛洪《抱朴子・博喻》

剛柔有不易之質，貞撓有天然之性，是以百煉而南金不虧其危，真困而烈士不失其正。

不易：不變。貞撓：堅貞和屈服。南金：古代稱南方所產的銅。真困：身體困苦。真，身。

晉・葛洪《抱朴子・博喻》

一條之枯，不損繁林之蓊藹。

蓊藹（ㄨㄥˇ ㄞˇ）：草木茂盛貌。

晉・葛洪《抱朴子・博喻》

無源之水不能揚長流以東漸，非時之華，必不能稽輝藻於冰霜。

華：花。

晉・葛洪《抱朴子・博喻》

捐荼茹蒿者，必無識甘之口，棄瓊拾礫者，必無甄珍之明。

捐茹：捐，捨棄。茹，吃。甄：辨別。

晉・葛洪《抱朴子・博喻》

常制不可以待變化，一途不可以應無方，刻船不可以索遺劍，膠柱不可以諧清音。

晉・葛洪《抱朴子・廣譬》

常制：永久的制度。膠柱：柱，被黏住。瑟上有柱張弦，可以用來調節聲音，柱被黏住，音調就不能變換。

千羊不能扞獨虎，萬雀不能抵一鷹。

晉・葛洪《抱朴子・廣譬》

病困乃重良醫，世亂而貴忠貞。

晉・葛洪《抱朴子・廣譬》

天下逆亂焉，而忠義顯矣；六親不和焉，而孝慈彰矣。

晉・葛洪《抱朴子・詰鮑》

白玉不毀，孰為圭璋？道德不廢，安取仁義？

晉・葛洪《抱朴子・詰鮑》

圭璋：貴重的玉製禮器。

激雷不能追既往之失辭，班輸不能磨斯言之既玷。

班輸：班，魯班；輸，公輸般。都是古代的巧匠。玷：玉上的斑點，比喻人的缺點、過失。

晉．葛洪《抱朴子．疾謬》

雖有偕老之慎，不能救一朝之過，雖有陶朱之富，不能贖片言之謬。

陶朱：陶朱白圭，他們都以善積財著稱。

晉．葛洪《抱朴子．疾謬》

合錙銖可以齊重於山陵，聚百十可以致數於億兆，群色會而袞藻麗，眾音雜而韶濩和也。

錙銖：古代很小的重量單位，比喻極微小的數量。億兆：極言數目之大。袞（ㄍㄨㄣˇ）藻：袞，古代皇帝及上公的禮服。藻，繫玉的五彩絲繩。韶濩（ㄏㄨㄛˋ）：古樂名，猶指音樂。

晉．葛洪《抱朴子．尚博》

荃者所以在魚，得魚而忘荃，蹄者所以在兔，得兔而忘蹄；言者所以在意，得意而忘言。

意謂魚具是用來捕魚的，捕到魚便忘了魚具；兔網是用來捉兔的，捉到兔便忘了兔網；語言是用來表達意義的，把握了意義便忘了語言。

《莊子．外物》

澤雉十步一啄，百步一飲，不蘄畜乎樊中。

澤雉：草澤裡的野雞。蘄（ㄑㄧˊ）：祈求。畜：關養。樊：籠子。

《莊子．養生主》

生活廣場系列

① 366天誕生星
馬克・失崎治信／著　定價280元

② 366天誕生花與誕生石
約翰路易・松岡／著　定價280元

③科學命相
淺野八郎／著　定價220元

④已知的他界科學
天外伺朗／著　定價220元

⑤開拓未來的他界科學
天外伺朗／著　定價220元

⑥世紀末變態心理犯罪檔案
冬門稔貳／著　定價240元

⑦ 366天開運年鑑
林廷宇／編著　定價230元

⑧色彩學與你
野村順一／著　定價230元

⑨科學手相
淺野八郎／著　定價230元

⑩你也能成為戀愛高手
柯富陽／編著　定價220元

⑪血型與12星座
許淑瑛／編著　定價230元

大展出版社有限公司
品冠文化出版社

圖書目錄

地址：台北市北投區(石牌)
致遠一路二段 12 巷 1 號
郵撥：0166955～1

電話：(02)28236031
28236033
傳真：(02)28272069

·法律專欄連載·電腦編號 58

台大法學院　法律學系／策劃
法律服務社／編著

1.	別讓您的權利睡著了 1	200 元
2.	別讓您的權利睡著了 2	200 元

·武術特輯·電腦編號 10

1.	陳式太極拳入門	馮志強編著	180 元
2.	武式太極拳	郝少如編著	200 元
3.	練功十八法入門	蕭京凌編著	120 元
4.	教門長拳	蕭京凌編著	150 元
5.	跆拳道	蕭京凌編譯	180 元
6.	正傳合氣道	程曉鈴譯	200 元
7.	圖解雙節棍	陳銘遠著	150 元
8.	格鬥空手道	鄭旭旭編著	200 元
9.	實用跆拳道	陳國榮編著	200 元
10.	武術初學指南	李文英、解守德編著	250 元
11.	泰國拳	陳國榮著	180 元
12.	中國式摔跤	黃　斌編著	180 元
13.	太極劍入門	李德印編著	180 元
14.	太極拳運動	運動司編	250 元
15.	太極拳譜	清·王宗岳等著	280 元
16.	散手初學	冷　峰編著	200 元
17.	南拳	朱瑞琪編著	180 元
18.	吳式太極劍	王培生著	200 元
19.	太極拳健身和技擊	王培生著	250 元
20.	秘傳武當八卦掌	狄兆龍著	250 元
21.	太極拳論譚	沈　壽著	250 元
22.	陳式太極拳技擊法	馬　虹著	250 元
23.	二十四式/三十二式 太極拳/劍	闞桂香著	180 元
24.	楊式秘傳 129 式太極長拳	張楚全著	280 元
25.	楊式太極拳架詳解	林炳堯著	280 元

26.	華佗五禽劍	劉時榮著	180 元
27.	太極拳基礎講座:基本功與簡化 24 式	李德印著	250 元
28.	武式太極拳精華	薛乃印著	200 元
29.	陳式太極拳拳理闡微	馬 虹著	350 元
30.	陳式太極拳體用全書	馬 虹著	400 元
31.	張三豐太極拳	陳占奎著	200 元
32.	中國太極推手	張 山主編	300 元
33.	48 式太極拳入門	門惠豐編著	220 元

・原地太極拳系列・電腦編號 11

1.	原地綜合太極拳 24 式	胡啓賢創編	220 元
2.	原地活步太極拳 42 式	胡啓賢創編	200 元
3.	原地簡化太極拳 24 式	胡啓賢創編	200 元
4.	原地太極拳 12 式	胡啓賢創編	200 元

・道 學 文 化・電腦編號 12

1.	道在養生：道教長壽術	郝 勤等著	250 元
2.	龍虎丹道：道教內丹術	郝 勤著	300 元
3.	天上人間：道教神仙譜系	黃德海著	250 元
4.	步罡踏斗：道教祭禮儀典	張澤洪著	250 元
5.	道醫窺秘：道教醫學康復術	王慶餘等著	250 元
6.	勸善成仙：道教生命倫理	李 剛著	250 元
7.	洞天福地：道教宮觀勝境	沙銘壽著	250 元
8.	青詞碧簫：道教文學藝術	楊光文等著	250 元
9.	沈博絕麗：道教格言精粹	朱耕發等著	250 元

・秘傳占卜系列・電腦編號 14

1.	手相術	淺野八郎著	180 元
2.	人相術	淺野八郎著	180 元
3.	西洋占星術	淺野八郎著	180 元
4.	中國神奇占卜	淺野八郎著	150 元
5.	夢判斷	淺野八郎著	150 元
6.	前世、來世占卜	淺野八郎著	150 元
7.	法國式血型學	淺野八郎著	150 元
8.	靈感、符咒學	淺野八郎著	150 元
9.	紙牌占卜學	淺野八郎著	150 元
10.	ESP 超能力占卜	淺野八郎著	150 元
11.	猶太數的秘術	淺野八郎著	150 元
12.	新心理測驗	淺野八郎著	160 元
13.	塔羅牌預言秘法	淺野八郎著	200 元

·趣味心理講座· 電腦編號 15

1.	性格測驗　探索男與女	淺野八郎著	140元
2.	性格測驗　透視人心奧秘	淺野八郎著	140元
3.	性格測驗　發現陌生的自己	淺野八郎著	140元
4.	性格測驗　發現你的真面目	淺野八郎著	140元
5.	性格測驗　讓你們吃驚	淺野八郎著	140元
6.	性格測驗　洞穿心理盲點	淺野八郎著	140元
7.	性格測驗　探索對方心理	淺野八郎著	140元
8.	性格測驗　由吃認識自己	淺野八郎著	160元
9.	性格測驗　戀愛知多少	淺野八郎著	160元
10.	性格測驗　由裝扮瞭解人心	淺野八郎著	160元
11.	性格測驗　敲開內心玄機	淺野八郎著	140元
12.	性格測驗　透視你的未來	淺野八郎著	160元
13.	血型與你的一生	淺野八郎著	160元
14.	趣味推理遊戲	淺野八郎著	160元
15.	行爲語言解析	淺野八郎著	160元

·婦 幼 天 地· 電腦編號 16

1.	八萬人減肥成果	黃靜香譯	180元
2.	三分鐘減肥體操	楊鴻儒譯	150元
3.	窈窕淑女美髮秘訣	柯素娥譯	130元
4.	使妳更迷人	成　玉譯	130元
5.	女性的更年期	官舒妍編譯	160元
6.	胎內育兒法	李玉瓊編譯	150元
7.	早產兒袋鼠式護理	唐岱蘭譯	200元
8.	初次懷孕與生產	婦幼天地編譯組	180元
9.	初次育兒 12 個月	婦幼天地編譯組	180元
10.	斷乳食與幼兒食	婦幼天地編譯組	180元
11.	培養幼兒能力與性向	婦幼天地編譯組	180元
12.	培養幼兒創造力的玩具與遊戲	婦幼天地編譯組	180元
13.	幼兒的症狀與疾病	婦幼天地編譯組	180元
14.	腿部苗條健美法	婦幼天地編譯組	180元
15.	女性腰痛別忽視	婦幼天地編譯組	150元
16.	舒展身心體操術	李玉瓊編譯	130元
17.	三分鐘臉部體操	趙薇妮著	160元
18.	生動的笑容表情術	趙薇妮著	160元
19.	心曠神怡減肥法	川津祐介著	130元
20.	內衣使妳更美麗	陳玄茹譯	130元
21.	瑜伽美姿美容	黃靜香編著	180元
22.	高雅女性裝扮學	陳珮玲譯	180元
23.	蠶糞肌膚美顏法	梨秀子著	160元

24. 認識妳的身體	李玉瓊譯	160 元
25. 產後恢復苗條體態	居理安・芙萊喬著	200 元
26. 正確護髮美容法	山崎伊久江著	180 元
27. 安琪拉美姿養生學	安琪拉蘭斯博瑞著	180 元
28. 女體性醫學剖析	增田豐著	220 元
29. 懷孕與生產剖析	岡部綾子著	180 元
30. 斷奶後的健康育兒	東城百合子著	220 元
31. 引出孩子幹勁的責罵藝術	多湖輝著	170 元
32. 培養孩子獨立的藝術	多湖輝著	170 元
33. 子宮肌瘤與卵巢囊腫	陳秀琳編著	180 元
34. 下半身減肥法	納他夏・史達賓著	180 元
35. 女性自然美容法	吳雅菁編著	180 元
36. 再也不發胖	池園悅太郎著	170 元
37. 生男生女控制術	中垣勝裕著	220 元
38. 使妳的肌膚更亮麗	楊　皓編著	170 元
39. 臉部輪廓變美	芝崎義夫著	180 元
40. 斑點、皺紋自己治療	高須克彌著	180 元
41. 面皰自己治療	伊藤雄康著	180 元
42. 隨心所欲瘦身冥想法	原久子著	180 元
43. 胎兒革命	鈴木丈織著	180 元
44. NS 磁氣平衡法塑造窈窕奇蹟	古屋和江著	180 元
45. 享瘦從腳開始	山田陽子著	180 元
46. 小改變瘦 4 公斤	宮本裕子著	180 元
47. 軟管減肥瘦身	高橋輝男著	180 元
48. 海藻精神秘美容法	劉名揚編著	180 元
49. 肌膚保養與脫毛	鈴木真理著	180 元
50. 10 天減肥 3 公斤	彤雲編輯組	180 元
51. 穿出自己的品味	西村玲子著	280 元
52. 小孩髮型設計	李芳黛譯	250 元

・青 春 天 地・電腦編號 17

1. A 血型與星座	柯素娥編譯	160 元
2. B 血型與星座	柯素娥編譯	160 元
3. O 血型與星座	柯素娥編譯	160 元
4. AB 血型與星座	柯素娥編譯	120 元
5. 青春期性教室	呂貴嵐編譯	130 元
7. 難解數學破題	宋釗宜編譯	130 元
9. 小論文寫作秘訣	林顯茂編譯	120 元
11.中學生野外遊戲	熊谷康編著	120 元
12.恐怖極短篇	柯素娥編譯	130 元
13.恐怖夜話	小毛驢編譯	130 元
14.恐怖幽默短篇	小毛驢編譯	120 元
15.黑色幽默短篇	小毛驢編譯	120 元

16.靈異怪談	小毛驢編譯	130元
17.錯覺遊戲	小毛驢編著	130元
18.整人遊戲	小毛驢編著	150元
19.有趣的超常識	柯素娥編譯	130元
20.哦！原來如此	林慶旺編譯	130元
21.趣味競賽100種	劉名揚編譯	120元
22.數學謎題入門	宋釗宜編譯	150元
23.數學謎題解析	宋釗宜編譯	150元
24.透視男女心理	林慶旺編譯	120元
25.少女情懷的自白	李桂蘭編譯	120元
26.由兄弟姊妹看命運	李玉瓊編譯	130元
27.趣味的科學魔術	林慶旺編譯	150元
28.趣味的心理實驗室	李燕玲編譯	150元
29.愛與性心理測驗	小毛驢編譯	130元
30.刑案推理解謎	小毛驢編譯	180元
31.偵探常識推理	小毛驢編譯	180元
32.偵探常識解謎	小毛驢編譯	130元
33.偵探推理遊戲	小毛驢編譯	180元
34.趣味的超魔術	廖玉山編著	150元
35.趣味的珍奇發明	柯素娥編著	150元
36.登山用具與技巧	陳瑞菊編著	150元
37.性的漫談	蘇燕謀編著	180元
38.無的漫談	蘇燕謀編著	180元
39.黑色漫談	蘇燕謀編著	180元
40.白色漫談	蘇燕謀編著	180元

・健康天地・電腦編號18

1. 壓力的預防與治療	柯素娥編譯	130元
2. 超科學氣的魔力	柯素娥編譯	130元
3. 尿療法治病的神奇	中尾良一著	130元
4. 鐵證如山的尿療法奇蹟	廖玉山譯	120元
5. 一日斷食健康法	葉慈容編譯	150元
6. 胃部強健法	陳炳崑譯	120元
7. 癌症早期檢查法	廖松濤譯	160元
8. 老人痴呆症防止法	柯素娥編譯	130元
9. 松葉汁健康飲料	陳麗芬編譯	130元
10. 揉肚臍健康法	永井秋夫著	150元
11. 過勞死、猝死的預防	卓秀貞編譯	130元
12. 高血壓治療與飲食	藤山順豐著	180元
13. 老人看護指南	柯素娥編譯	150元
14. 美容外科淺談	楊啓宏著	150元
15. 美容外科新境界	楊啓宏著	150元
16. 鹽是天然的醫生	西英司郎著	140元

17. 年輕十歲不是夢	梁瑞麟譯	200 元
18. 茶料理治百病	桑野和民著	180 元
19. 綠茶治病寶典	桑野和民著	150 元
20. 杜仲茶養顏減肥法	西田博著	170 元
21. 蜂膠驚人療效	瀨長良三郎著	180 元
22. 蜂膠治百病	瀨長良三郎著	180 元
23. 醫藥與生活	鄭炳全著	180 元
24. 鈣長生寶典	落合敏著	180 元
25. 大蒜長生寶典	木下繁太郎著	160 元
26. 居家自我健康檢查	石川恭三著	160 元
27. 永恆的健康人生	李秀鈴譯	200 元
28. 大豆卵磷脂長生寶典	劉雪卿譯	150 元
29. 芳香療法	梁艾琳譯	160 元
30. 醋長生寶典	柯素娥譯	180 元
31. 從星座透視健康	席拉・吉蒂斯著	180 元
32. 愉悅自在保健學	野本二士夫著	160 元
33. 裸睡健康法	丸山淳士等著	160 元
34. 糖尿病預防與治療	藤田順豐著	180 元
35. 維他命長生寶典	菅原明子著	180 元
36. 維他命 C 新效果	鐘文訓編	150 元
37. 手、腳病理按摩	堤芳朗著	160 元
38. AIDS 瞭解與預防	彼得塔歇爾著	180 元
39. 甲殼質殼聚糖健康法	沈永嘉譯	160 元
40. 神經痛預防與治療	木下真男著	160 元
41. 室內身體鍛鍊法	陳炳崑編著	160 元
42. 吃出健康藥膳	劉大器編著	180 元
43. 自我指壓術	蘇燕謀編著	160 元
44. 紅蘿蔔汁斷食療法	李玉瓊編著	150 元
45. 洗心術健康秘法	竺翠萍編譯	170 元
46. 枇杷葉健康療法	柯素娥編譯	180 元
47. 抗衰血癒	楊啓宏著	180 元
48. 與癌搏鬥記	逸見政孝著	180 元
49. 冬蟲夏草長生寶典	高橋義博著	170 元
50. 痔瘡・大腸疾病先端療法	宮島伸宜著	180 元
51. 膠布治癒頑固慢性病	加瀨建造著	180 元
52. 芝麻神奇健康法	小林貞作著	170 元
53. 香煙能防止癡呆？	高田明和著	180 元
54. 穀菜食治癌療法	佐藤成志著	180 元
55. 貼藥健康法	松原英多著	180 元
56. 克服癌症調和道呼吸法	帶津良一著	180 元
57. B 型肝炎預防與治療	野村喜重郎著	180 元
58. 青春永駐養生導引術	早島正雄著	180 元
59. 改變呼吸法創造健康	原久子著	180 元
60. 荷爾蒙平衡養生秘訣	出村博著	180 元

61. 水美肌健康法	井戶勝富著	170元
62. 認識食物掌握健康	廖梅珠編著	170元
63. 痛風劇痛消除法	鈴木吉彥著	180元
64. 酸莖菌驚人療效	上田明彥著	180元
65. 大豆卵磷脂治現代病	神津健一著	200元
66. 時辰療法—危險時刻凌晨4時	呂建強等著	180元
67. 自然治癒力提升法	帶津良一著	180元
68. 巧妙的氣保健法	藤平墨子著	180元
69. 治癒C型肝炎	熊田博光著	180元
70. 肝臟病預防與治療	劉名揚編著	180元
71. 腰痛平衡療法	荒井政信著	180元
72. 根治多汗症、狐臭	稻葉益巳著	220元
73. 40歲以後的骨質疏鬆症	沈永嘉譯	180元
74. 認識中藥	松下一成著	180元
75. 認識氣的科學	佐佐木茂美著	180元
76. 我戰勝了癌症	安田伸著	180元
77. 斑點是身心的危險信號	中野進著	180元
78. 艾波拉病毒大震撼	玉川重德著	180元
79. 重新還我黑髮	桑名隆一郎著	180元
80. 身體節律與健康	林博史著	180元
81. 生薑治萬病	石原結實著	180元
82. 靈芝治百病	陳瑞東著	180元
83. 木炭驚人的威力	大槻彰著	200元
84. 認識活性氧	井土貴司著	180元
85. 深海鮫治百病	廖玉山編著	180元
86. 神奇的蜂王乳	井上丹治著	180元
87. 卡拉OK健腦法	東潔著	180元
88. 卡拉OK健康法	福田伴男著	180元
89. 醫藥與生活	鄭炳全著	200元
90. 洋蔥治百病	宮尾興平著	180元
91. 年輕10歲快步健康法	石塚忠雄著	180元
92. 石榴的驚人神效	岡本順子著	180元
93. 飲料健康法	白鳥早奈英著	180元
94. 健康棒體操	劉名揚編譯	180元
95. 催眠健康法	蕭京凌編著	180元
96. 鬱金（美王）治百病	水野修一著	180元
97. 醫藥與生活	鄭炳全著	200元

・實用女性學講座・電腦編號19

1. 解讀女性內心世界	島田一男著	150元
2. 塑造成熟的女性	島田一男著	150元
3. 女性整體裝扮學	黃靜香編著	180元
4. 女性應對禮儀	黃靜香編著	180元

5. 女性婚前必修	小野十傳著	200 元
6. 徹底瞭解女人	田口二州著	180 元
7. 拆穿女性謊言 88 招	島田一男著	200 元
8. 解讀女人心	島田一男著	200 元
9. 俘獲女性絕招	志賀貢著	200 元
10. 愛情的壓力解套	中村理英子著	200 元
11. 妳是人見人愛的女孩	廖松濤編著	200 元

・校園系列・電腦編號 20

1. 讀書集中術	多湖輝著	180 元
2. 應考的訣竅	多湖輝著	150 元
3. 輕鬆讀書贏得聯考	多湖輝著	150 元
4. 讀書記憶秘訣	多湖輝著	180 元
5. 視力恢復！超速讀術	江錦雲譯	180 元
6. 讀書 36 計	黃柏松編著	180 元
7. 驚人的速讀術	鐘文訓編著	170 元
8. 學生課業輔導良方	多湖輝著	180 元
9. 超速讀超記憶法	廖松濤編著	180 元
10. 速算解題技巧	宋釗宜編著	200 元
11. 看圖學英文	陳炳崑編著	200 元
12. 讓孩子最喜歡數學	沈永嘉譯	180 元
13. 催眠記憶術	林碧清譯	180 元
14. 催眠速讀術	林碧清譯	180 元
15. 數學式思考學習法	劉淑錦譯	200 元
16. 考試憑要領	劉孝暉著	180 元
17. 事半功倍讀書法	王毅希著	200 元
18. 超金榜題名術	陳蒼杰譯	200 元
19. 靈活記憶術	林耀慶編著	180 元

・實用心理學講座・電腦編號 21

1. 拆穿欺騙伎倆	多湖輝著	140 元
2. 創造好構想	多湖輝著	140 元
3. 面對面心理術	多湖輝著	160 元
4. 偽裝心理術	多湖輝著	140 元
5. 透視人性弱點	多湖輝著	140 元
6. 自我表現術	多湖輝著	180 元
7. 不可思議的人性心理	多湖輝著	180 元
8. 催眠術入門	多湖輝著	150 元
9. 責罵部屬的藝術	多湖輝著	150 元
10. 精神力	多湖輝著	150 元
11. 厚黑說服術	多湖輝著	150 元

國家圖書館出版品預行編目資料

沈博絕麗.── 道家格言／朱發耕、袁麗娟選注
－初版－臺北市，大展 ， 民 90
面 ； 21 公分 －（道學文化；9）
ISBN 957-468-061-4（平裝）
1. 道家 － 語錄 2. 格言

230 90000488

沈博絕麗──道家格言精粹 ISBN 957-468-061-4

編 著 者／朱耕發、袁麗娟
發 行 人／蔡 森 明
出 版 者／大展出版社有限公司
社 址／台北市北投區（石牌）致遠一路 2 段 12 巷 1 號
電 話／（02）28236031・28236033・28233123
傳 真／（02）28272069
郵政劃撥／01669551
E - mail／dah-jaan@ms9.tisnet.net.tw
登 記 證／局版臺業字第 2171 號
承 印 者／高星印刷品行
裝 訂／日新裝訂所
排 版 者／千兵企業有限公司
初版 1 刷／2001 年（民 90 年） 3 月

定價／250 元

大展好書 好書大展

大展好書 好書大展